加谷珪一

貧乏国ニッポン

ますます転落する国でどう生きるか

GS

幻冬舎新書

589

はじめに

２０２０年に入って本格化した新型コロナウイルスによる感染は、弱体化していた日本経済にさらに大きな打撃を与えました。政府は当初、個人に対する所得補償に極めて消極的だったことから、多くの国民がその対応に失望しました。年収７万５０００ドル（約８２５万円）以下の全国民に対して、大人１人あたり最大１２００ドル（夫婦と子ども４人家族の場合３４００ドル）を、ほぼ無条件に振り込んだ米国や、フリーランスらに対して数日で数十万円を給付したドイツなど、諸外国の対策が報じられるたびに、ため息をついた人も多かったことでしょう。

しかしながら、米国政府が支援対象を年収８２５万円以下に設定したのは、あらゆる階層の国民に支援するという意図からではありません。年収８２５万円を基準にしたのは、米国では年収１０００万円の世帯は高所得とは見なされていないからです。米国の支援策は、基本的に所得が低い世帯を対象としたものですが、基準金額が日本と比べてあまりにも高かったことから、日米の豊かさの違いがはからずも露呈してしまったのです。

諸外国において世帯年収1000万円というのは決して裕福な部類に入らないという話は、これ以外にもたくさんあります。

2019年の年末に日本経済新聞に掲載された「アメリカでは年収1400万円は低所得」という記事がネットで大きな反響を呼びました。

これは米住宅都市開発省が行った調査において、サンフランシスコでは年収1400万円の世帯を「低所得」に分類したという話で、日本と諸外国の物価や賃金に極めて大きな乖離（かいり）が生じていると指摘する内容です。

実は日本が価格という面で諸外国から完全に取り残されているという話は、海外によく行く人の間では数年前から常識となっていました。

筆者は職業柄、時々、香港などアジア各国の都市を訪れますが、ここ数年の物価上昇には目を見張るものがあります。現地調査を終えてホテルのバーで1杯ビールを飲んだだけでも、香港などでは普通に1500〜1800円くらい取られます。

カウンターで飲んでいる客層を見ると、外国人もいますが、多くが香港人（中国人）とおぼしき人たちです。ホテルは総じて値段が高いですし、国民全員が高価なビールを飲んでいるわけではないでしょう。現地の人にとってこの値段は特別に高いものではないように見受けられます。しかしビールは1杯1000円以下という私たちの常識からすると、とにかく高いという印象しかありません。

こうした内外価格差は、実際に海外に行かないとなかなか分かりにくいものですが、価格差が開いた状況が長く続くと、国内にいてもそれを実感できるようになります。もっとも顕著なのは輸入品の価格でしょう。

ここ数年、食品やIT機器など、海外依存度が高い製品では、輸入価格の上昇でジワジワと価格が上がっており、一部の人は日本が安く貧乏な国になっている現実について気付き始めています。

筆者は「ニューズウィーク」などいくつかの媒体で連載を持っており、しばしば内外価格差に関する記事を執筆していますが、昨年後半あたりから、こうしたテーマの記事に対する反響が目に見えて大きくなってきました。また、テレビのワイドショーやニュース番組から、日本の物価や賃金の安さについて解説を求められるケースも増えています。

地上波のワイドショー番組は、午前中や昼間などに放送されますから、高齢者や専業主婦など、会社で仕事をしていない人たちも見ています。このような時間帯の番組から経済的なテーマで出演依頼が来るということは、「日本の安さ」という話が、かなり一般的になっていることを示唆しています。

こうした中で発生したのが新型コロナウイルスによる世界的な感染拡大です。

この原稿を書いている時点では、まだ終息の兆しは見えていませんが、新型コロナによる経済的影響が長期化するのはほぼ確実という状況です。新型コロナという見えない敵の台頭は、「安い国」になった日本にさらに追い打ちをかける可能性があります。

日本が先進各国と比較して賃金が低くなっているにもかかわらず、何とか生活を維持することができたのは、グローバル経済の発達で、さらに安いものを世界から調達できていたからです。私たちが手にしている商品や口にしている食べ物の多くは、グローバルなサプライチェーンを活用して世界最安値で調達されたものであり、これによって安い賃金でも何とか生活水準を保ってきました。

しかし新型コロナの感染拡大はこうしたグローバルなサプライチェーンを直撃しています。近い将来、再び、今回のようなウイルス感染が拡大する可能性があることは否定できません。各国の企業は感染症を大きなリスク要因と見なすはずです。

そうなるとコストよりもリスク回避を優先するようになり、日本の企業も従来のサプライチェーンの大幅な見直しを進める可能性が高いでしょう。

これまでの時代であれば、とにかく安く調達することを最優先し、世界のあらゆる場所に物流網を構築していたわけですが、これからは多少、コストが高くても、シンプルな物流にとどめ、感染症などの拡大に対して抵抗力のあるオペレーションを重視するようになると考えられます。

すると、原材料や部品の調達コストは増大します。最終的には製品の価格上昇という形で消費者の生活に跳ね返ってくることでしょう。

つまり、コロナ後の社会においては、さらに高い購買力を確保しなければ、豊かな生活を送れなくなる可能性が高まっているのです。これは、賃金を大幅に上げることができなければ、日本経済の貧困化がさらに進み、先進国の地位から脱落してしまう、ということでもあります。

本書は、日本という国が諸外国から見て安い国になってしまった現実と、その原因、そして対処方法について解説する目的で執筆しました。

「第1章」では、日本にやってくる外国人観光客の多くが、安い買い物を目当てに来日しているという話や、諸外国では富裕層ではない人が1億円のマンションを購入している話など、日本だけが諸外国から取り残されている現実について解説します。

年配の読者の方には信じられないかもしれませんが、近い将来、日本人がアジアに出稼ぎに行く日がやってくる可能性も高いでしょう。

「第2章」では、日本の国際的な地位がここ10年で急速に低下しているという実状について解説します。

各国の競争力を示す各種ランキングにおいて、日本は軒並み順位を落としており、主要先進国としての地位が危うくなっています。国際競争力の低下は賃金の低下と直結しますから、最終的には生活水準の低下をもたらすことになるでしょう。

「第3章」は、日本がここまで安くなってしまった理由についてです。

日本企業の労働生産性が低く推移していることが最大の原因なのですが、このあたりのメカニズムに加えて、デフレと経済成長の関係などについて言及します。

「第4章」は、モノの値段が決まる仕組みについての解説です。

一般的に景気がよいとモノの値段が上がりますが、不景気でも物価上昇が進むケースがあります。物価との関連性の高い量的緩和策の仕組みや、新型コロナによる感染拡大が物価に与える影響などについても考察を加えます。

「第5章」は、為替レートのマジックです。

内外価格差について正しく理解するためには為替レートについて知っておく必要があります。為替レートは物価との相関性が高く、最終的には為替は物価で決まります。生活実感に近い購買力平価の為替レートについても分かりやすく解説します。

「第6章」では、一連の現実を前に、日本はどうすればよいのかについて考えます。

日本には1億人の消費市場と過去の経常黒字を積み上げた巨額の資本蓄積という大きな資産があります。しかし今の日本経済はこの強みを生かす仕組みになっておらず、宝の持ち腐れになっています。この2つを生かせる仕組みにシフトすれば、日本は再び豊かな社会を実現できるでしょう。

「『おわりに』にかえて」では、国全体というよりも個人としてこの事態にどう対処すればよいのかをまとめました。

少なくとも現時点では日本が安い国になっているのは事実ですから、こうした状況に負けないためには、諸外国の富をうまく自身に取り組む工夫が必要となります。これからの時代、外国企業への投資はほぼ必須といってよいでしょうし、場合によってはアジア地域で仕事を見つけることも視野に入れた方がよいかもしれません。

物価というのは、その国の経済状況をもっとも的確に反映する指標です。物価についての感度を高めることができれば、それは仕事にも資産形成にもよい影響を与えます。また私たち日本人は今後、どのように行動すべきなのか、あるいは日本経済をどう舵（かじ）取りすべきなのかについても多くの示唆を与えてくれるでしょう。

貧乏国ニッポン／目次

第4章 モノの値段はどう決まるのか 115

「おわりに」にかえて 203

図版・DTP　美創

第1章　日本はこんなに「安い国」になっている

「年収1400万円は低所得」の衝撃

先ほど、米国では年収1400万円は低所得という記事が反響を呼んだという話を紹介しましたが、本当のところ米国人の懐事情はどうなのでしょうか。

記事で紹介された場所は西海岸のサンフランシスコですが、この街の近郊には、シリコンバレーと呼ばれるハイテク産業が集積したエリアが広がっています。具体的にはサンフランシスコ市内から国道101号を南下し、パロアルト、マウンテンビューなどを経て、サンノゼに至るまでの地域のことを指します。

ここにはグーグルやアップル、フェイスブックといったIT企業が拠点を構えており、おびただしい数のIT長者が住んでいます。この地域の土地の値段は東京の銀座並みに高いと言われており、粗末な売り家に1億円の値札が付けられている状況です。

このため隣接するサンフランシスコも不動産価格などが高騰しており、全米でも屈指の物価が高いエリアとなっています。サンフランシスコではこうした事情も手伝って、家族を持つ年収1400万円以下の世帯は低所得に分類するという判断になりました。

グーグルやアップルといった著名IT企業に新卒で入る社員は、年収1500万円程度はもらえると言われていますが、米国の高所得エリアでは物価も高いですから、彼等の生活はそれほどラクではありません。新卒の社員は単身者が多いので何とかやっていけますが、日本で言えば年収300万円から400万円の感覚でしょう。

日本において年収400万円の人は、単身者であればそれなりの生活が送れますが、4人家族となるとかなり大変です。これがサンフランシスコの場合には1400万円に相当するわけですが、米国の他の都市はどうでしょうか。

米国勢調査局の調査によると、2018年における首都ワシントンDCの世帯年収中央値は約10万2000ドル（約1120万円）、シアトルは約8万7000ドル（約960万円）、ニューヨークは約7万8000ドル（約860万円）、ロサンゼルスは約7万3000ドル（約800万円）でした。

この値は平均値ではなく中央値であることに注意してください。

中央値というのは、年収が高い人から低い人までを順番に並べて、ちょうど真ん中になった人の金額を指します。年収が極めて高い人はごく一部なので、中央値は平均値と比べて低い数字が出ることがほとんどです。

米国の都市部においては、世帯年収の中央値が800万～1000万円ということですから、平均値は1000万～1500万円程度になっていると推定されます。サンフランシスコは特別かもしれませんが、他の都市でも1000万～1500万円の年収がないとそれなりの生活はできないというのが実状です。

ちなみに日本における世帯所得の平均値は約550万円、中央値は約423万円となっています。今の日本で550万円という世帯年収は標準的ですが、東京で家族と一緒に住んでいるという場合には、それほどラクな生活はできません。同じようなことが米国にも当てはまり、都市部の場合には1000万円では生活がラクではないのです。

一連の状況を総合的に考えると、米国と日本を比較した場合、2倍程度の年収格差があると考えてよさそうです。

先ほど、グーグルやアップルの新入社員の年収は1500万円以上と書きましたが、両社は世界の頂点に立つ超優良企業ですから、年収も破格です。一般的な米国企業の場合、大卒新入社員の年収は約500万～600万円が相場だといわれています。

一方、日本では大卒社員の初任給は20万円程度が普通ですから、年収に換算すると240万円です。ここでも日本と米国を比較すると、2倍以上の開きがあります。これは米国の例ですが、いわゆるグローバルに展開する大企業であれば、欧州であってもアジアであ

2018年における米国の世帯年収中央値

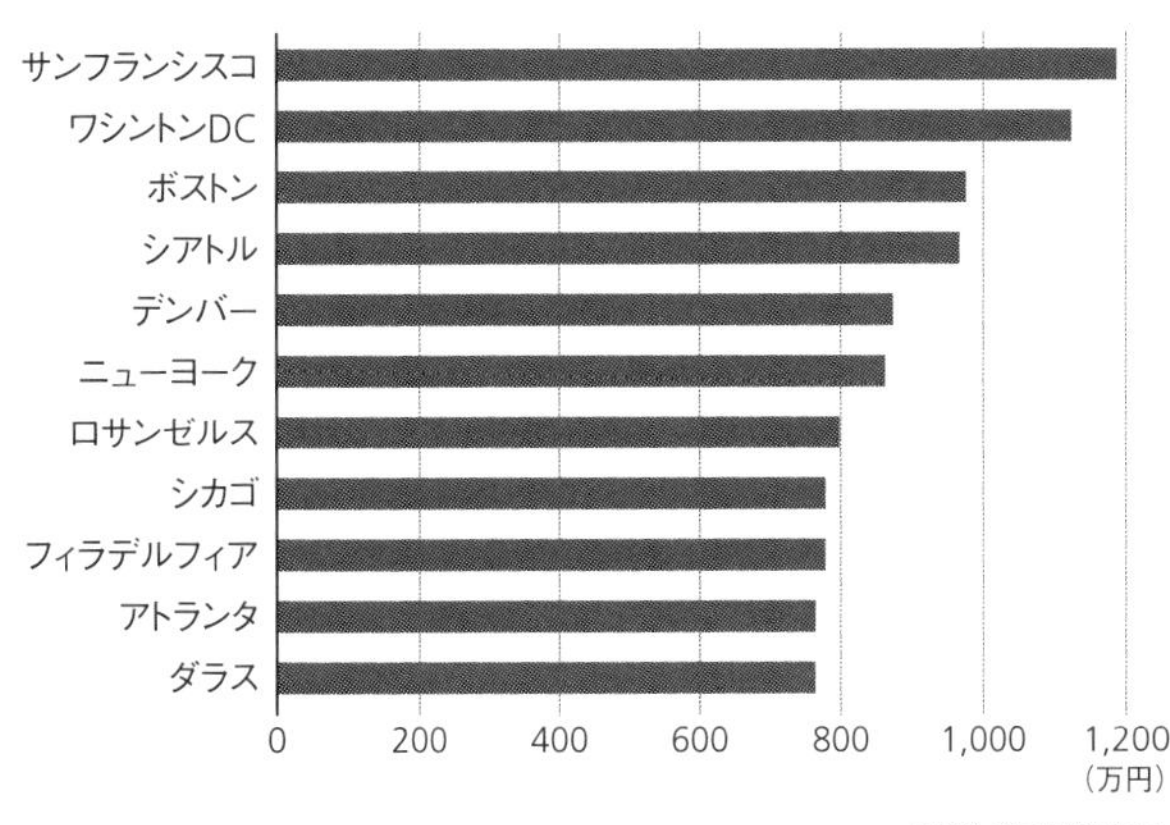

出所）米国勢調査局

っても、年収はほぼ同じです。

以前、中国の大手通信機器メーカーのファーウェイ（華為技術）日本法人が、大卒の新入社員に対して月収40万円を提示して話題になったことがありました。日本ではあまりの高さに驚きの声が上がったのですが、これはグローバル企業としてはごく普通の水準です。

ＯＥＣＤが行った調査によると、購買力平価（物価を考慮した為替レート）でドル換算した日本人労働者の平均賃金は約４万ドルですが、米国は６万３０００ドル、フランスは４万４０００ドル、オーストラリアは５万３０００ドルとなっています。これは賃金が安い労働者を含めたすべての平均ですが、日本と諸外国との間にはやはり１・５倍程度の賃金格差が存在しています。

日本の場合、女性の賃金が著しく安いという現実があります。夫婦共働きといっても、妻はパートなど賃金が安い仕事に従事しており、夫ほどお金を稼げないケースが少なくありません。諸外国では、一部の富裕層を除き、多くが夫婦ともにフルタイムで労働していますから、世帯年収という意味ではさらに大きな差が付くという図式です。

「賃金が安い分、物価も安いので暮らしやすい」はウソ

ここで、少し疑問を感じた読者がいるのではないかと思います。「諸外国の賃金は日本より高いかもしれないが、物価も高いので実質的な生活水準は変わらないのではないか？」というものです。

実際、日本は賃金が安い分、物価も安いのですが、残念なことに物価が安いので暮らしやすいという話は成立しません。

生活に必要なほとんどのモノを自国で生産し、鎖国によって海外との貿易を極端に制限していた江戸時代であれば、確かにその通りかもしれません。しかし、今の時代は活発に貿易が行われており、私たちが日常的に購入するモノの多くは輸入品もしくは輸入品を原

材料に製造されています。こうした製品は海外の価格動向の影響を受けてしまうので、賃金の安い日本人から見ると、高い買い物になってしまうのです。

日本は物価の下落が続いていると喧伝されていますが、それは国内要因だけで決まる一部の製品やサービスに限った話です。海外から輸入される製品は、海外の価格がそのまま適用されますから、国内事情とは関係なく値上がりします。

海外と比較して賃金が安い国は、同じ輸入品を購入する場合でも、より多くの負担が必要となりますから、最終的な可処分所得は減少します。つまり、端的に言うと賃金が安い国は、その分だけ貧しくなってしまうのです。

このところ私たちの生活が貧しくなったとの感覚を持つ人が増えていますが、その理由が、まさにこれです。日本人の賃金が相対的に下がったことで、私たちの購買力が低下し、これが社会の貧しさに直結しているのです。

こうした貧しさは至る所で観察することができます。

ここ数年、食品の価格を据え置き、内容量だけを減らす、いわゆる「ステルス値上げ」が横行していました。食品に使われる原材料の価格は海外の物価上昇の影響で年々上がっており、食品メーカーの利益は減る一方です。

本来であれば、原材料価格が上がった分だけ製品の価格を値上げすればよいのですが、日本人の賃金が上がらないので、値上げを実施すると商品が売れなくなってしまいます。苦肉の策として考え出したのが、価格を据え置き、内容量だけを減らすというやり方なのですが、これは、海外の物価上昇に対して日本人の購買力が低下し、同じ価格では少ない量しか買えなくなったことが原因なのです。

食品に限らず、小物類や電気製品、住宅の建材など、あらゆる分野において、価格を据え置いて材料の品質を下げるという取り組みが行われています。値段が変わらないので、何も変わっていないように見えますが、こうした行為は、最終的には生活感覚の貧しさにつながっていきます。日本が安い国になっていることは、経済的に見ると悪いことだらけですから、「物価が安いので暮らしやすい」と考えるべきではないのです。

世界最安値　日本のディズニー・ダイソー

日本国内の物価が安いということは、外国人にとっては、日本に来るとおトクに買い物ができるということを意味しています。

2020年は新型コロナウイルスの影響で大幅な減少が予想されていますが、2019

年には3000万人もの外国人観光客が日本を訪れました。彼等は日本文化や日本料理を楽しむために日本に来ているのでしょうか。もちろん、人によって目的は様々ですから、一概には言えませんし、日本の文化に接するために来日している人もいるでしょう。しかしながら、訪日客の7割を占める中国、韓国、台湾、香港からの観光客に限っていえば、最大の目的が買い物であることはほぼ間違いありません。

観光庁の調査によると、中国人は日本を訪問するにあたって、1人あたり約20万円の消費を行っていましたが、このうち買い物代が約半分を占めており、宿泊費や飲食代を大きく上回っています（いわゆる爆買い）。香港人は中国人と比較して、買い物の比率が低いという特徴がありますが、中華圏の人たちは総じて買い物が大好きです。

彼等がこぞって日本で買い物をするのは、日本の物価が極めて安いからにほかなりません。中国は近年、物価上昇が著しく、特に沿岸部の大都市では何もかもが高いという状況になっています。彼らは日本の商品を見て「安い」と歓声を上げているわけです。

読者の皆さんの中には、100円均一ショップが大好きという人も多いと思いますが（筆者も大好きです）、業界大手のダイソーは積極的に海外進出していることで知られています。中国をはじめとするアジア地域にも多くの店舗がありますが、実は海外の店舗では

100円均一にはなっていません。地域や店舗によって事情は異なりますが、ダイソーの場合、中国の店舗では10元均一で商品を販売していることがほとんどです。1元＝15円と仮定すれば、150円均一といってよいでしょう。

ダイソーは米国にも多数、店舗を出していますが、物価が高いニューヨークは1・9ドル均一、他の都市では1・5ドル均一で販売するケースが多くなっています。1ドル＝110円と仮定すると、165円から209円の範囲で商品を販売していることになります。ダイソーの海外店舗はどの地域でもおおむね、日本の1・5倍から2倍の価格になっているのが実状です。

当然のことながら、国ごとに商品構成は違っていますが、日本国内で販売しているものと同じ商品もあり、基本的には同一、もしくはそれに近い商品を売っているとみて差し支えありません。そうなると、100円という低価格で販売しているのは日本だけという話になってしまいます。

海外では同じモノが1・5倍から2倍の値段になっているということは、日本にやってきた外国人が日本国内の店舗で買い物をすると、何もかもが安いという感覚になります。中国人観光客による日本国内での消費を支えてきたのはまさに日本の「安さ」なのです。

こうした内外価格差はサービスにもあてはまります。

ディズニーランドは世界各国にありますが、実は国によって入場料には大きな差があります。日本では1日入場券は8200円（2020年4月に7500円から値上げ）ですが、上海では同様の入場券は399元から575元（ピーク時には665元）で販売されています。1元＝15円とすると5985円から8625円になります。香港では639香港ドルで、1香港ドル＝14円とすると8946円と計算されます。

米国カリフォルニアにある本場のディズニーランドは、104ドルから149ドルの価格設定ですから、1ドル＝110円とすると、1万1440円から1万6390円となります。パリのディズニーランドも価格体系は多少異なりますが、米国とほぼ同じ水準に設定されているので、総合すると、日本のディズニーランドは世界でもっとも入場料が安いと考えてよいでしょう（新型コロナによる閉鎖前の価格）。

海外旅行のついでに現地のディズニーランドに行くという人は少なくありませんが、外国から来た観光客は日本の入場料が安いので大喜びしているはずです。

各国のディズニーランドは、米国のウォルト・ディズニー・カンパニーが運営もしくはライセンスを供与していますが、同社はグローバル企業ですから、本来であれば、全世界で同一の価格体系を維持したいはずです。つまりホンネでは、東京ディズニーランドの入場料はもっと高くしてほしいと考えているに違いありません。

しかし、日本のディズニーランドがここまで安い価格設定にしているのは、日本の消費者の購買力が他国と比較して弱く、このくらいの価格設定にしないと他のテーマパークとの競争に負けてしまうからです。

ディズニーランドには、他を寄せ付けない圧倒的なブランド力があり、どんなに高くても顧客は来場するように思えますが、話はそう簡単ではありません。価格が高いとリピーターの頻度が減り、全体の来場者数が減ってしまい、収益に影響してきます。顧客を囲い込み、高いブランド力を維持するためにも、適切な価格設定が必要であり、日本の入場料は、まさに日本経済の現状を反映した水準となっているのです。

ディズニーランドに限らず、日本のサービス産業は、安さに惹かれてやってくる外国人観光客なしにはビジネスが成立しなくなっています。高級レストランはその典型ですが、日本人の顧客はめっきり減ってしまい、お客さんの多くはアジア人です。しかも、彼等は決して富裕層ではなく、年1回の海外旅行でちょっと奮発している中間層です。

日本の経済力が高かった時代には、平均的な所得の日本人がアジアに行き、価格差を利用して現地の高級店で豪華な料理を食べるというのが定番でしたが、まさにその逆の現象が起こっているわけです。

ディズニーランドや高級レストランは、いわゆるハレの場ですが、日本の安さは、日常的な買い物や飲食にも及んでいます。

ファストフード大手の米マクドナルドは全世界に店舗を展開し、似たような商品を各国で提供しています。このため、しばしば価格比較の指標にされるのですが、ここでも日本の安さは際立っています。

国際的な価格比較サイト「Ｎｕｍｂｅｏ」によると、日本のマクドナルドにおけるセット販売の平均価格は６９５円となっています。これに対してニューヨークは９８６円、シドニーは８５３円、パリは１０５５円となっており、先進各国は総じて日本よりもかなり高い状況です（２０２０年２月時点での価格）。

アジアに目を移すと、香港が４９３円、上海が５５６円　バンコク（タイ）が６１７円、シンガポールは６５１円となっており、もはや日本と大差はありません。

カフェの値段はどうでしょうか。

日本におけるカプチーノの平均価格は３８８円ですが、上海では４６６円、香港では５

06円、パリは416円、バンコクは253円、シドニーは302円、ニューヨークは515円、シンガポールは444円でした。バンコクとシドニーの価格はかなり安いですが、それ以外の都市では基本的に日本よりも高いと考えてよいでしょう。

日本の初任給はグローバル水準の半分

諸外国と比較した場合、あらゆる面で、日本の価格が安いことはほぼ間違いなさそうですが、ここで再び疑問を持った読者も少なくないでしょう。

米国や欧州など、豊かな先進国の価格が日本よりも高いことは納得できるとして、中国やタイなど、新興国の価格までが日本と同レベルかそれよりも高くなっていることについて、にわかには信じられないという人も多いと思います。

当然ですが、中国やタイといった新興国全体の平均賃金は、日本人の賃金が下がったとはいえ、まだまだ安いというのが実状です。しかしながら、以前とは異なり、経済のグローバル化が進んだことで、国が違うとすべての価格が違うという状況にはなっておらず、新興国でも一部の人は、高い賃金をもらえるというケースが増えているのです。

先ほど、ファーウェイの日本法人が新人の初任給に月額40万円を提示したという話をしましたが、グローバル企業の場合、どの地域の社員であっても、ほぼ同じ水準の賃金を支払うのが当たり前となっており、その国の平均賃金はあまり関係しません。

つまり、アジア地域の労働者であっても、相応の教育を受けてグローバル企業、もしくはそれに類する企業に就職した人の場合、1年目から数百万円の年収を稼ぐのは当たり前となっています。そうなると、全体の一部とはいえ、日本と同レベルの物価であっても、モノやサービスをバンバン購入する人が一定数存在してもおかしくないことになります。

特に中国の場合、14億人もの人口がありますから、仮にそうした所得層が5％しかいなくても7000万人の市場規模になります。上海や香港にはこうしたビジネスパーソンがたくさんいますから、結果として物価も高くなり、彼等が日本にやってきた時には、「安い」と感じることになります。

グローバル化が進む時代というのは、世界において価格が共通化していくことを意味しており、各国の物価の連動性はより高くなります。

以前の社会では、国が違うと国民の生活水準もまったく違うというのが当たり前でした。しかし近年では、どの国で生活しているのかではなく、各国においてどの階層に属しているのかでライフスタイルが大きく変わるようになっているのです。

かつては、日本の中間層がアジアに行けば、まるで富裕層のような気分を味わうことができました。しかし、現代社会では、日本において平均的な所得以下しか得られない人は、アジア地域における有名企業の社員よりも生活水準は大幅に下がってしまいます。国全体が貧しくても、グローバル基準を満たす企業の社員になれば、先進国の人たちと同じ生活を送ることが可能です。

どの国に生まれてもチャンスがあるというのはよいことですが、逆に言えば、各国において、相対的に高い所得を得る層に属していないと生活が苦しくなるということでもあります。

これまでの日本社会では、普通の仕事に就いていれば、それなりに豊かな生活を送れるというのが一般常識でした。しかし、これからの時代は規模が大きくても、グローバル水準の賃金を支払えない企業で働く場合、生活は決して豊かにはなりません。日本から一歩も出なくても、全世界と戦っているようなものですから、ある意味ではとても厳しい時代に入ったと考えることもできるでしょう。

このように、国内の経済事情とグローバルな経済事情に乖離が生じている場合、価格体系がちぐはぐになりやすいわけですが、その影響をもっとも受けているのが、グローバルに価格が決まる携帯電話の通信料金や不動産価格、そして自動車の販売価格です。

iPhone購入の負担感は世界一

日本では携帯電話の通信料金の高さが政治的なテーマとなっており、政府が事業者に対して是正を求めるという事態にまで発展しました。日本の通信会社の料金体系は不透明であり、プランが分かりにくいという問題があったのは事実ですが、国際的に見た場合、通信料金そのものは特別に高いわけではありません。

総務省の調査によると、データ容量5Gバイトのプランでは、日本の月額料金は3760円でしたが、これに対して米国は5990円、フランスは1783円、ドイツは1893円、韓国は4256円となっており、日本は高くも安くもないという状況です。政府が極端に料金を規制しない限り、理屈上、通信料金というのは各国で大きな違いが生じることはありません。その理由は、通信会社の事業構造にあります。

通信会社というのは典型的な設備産業となっており、事業者のコストの多くは通信機器などの設備投資や回線の運用費なので、人件費はほとんど業績に関係しません。通信会社が保有する通信機器は世界中のどこで買ってもほぼ同じ価格ですから、一定以上のインフ

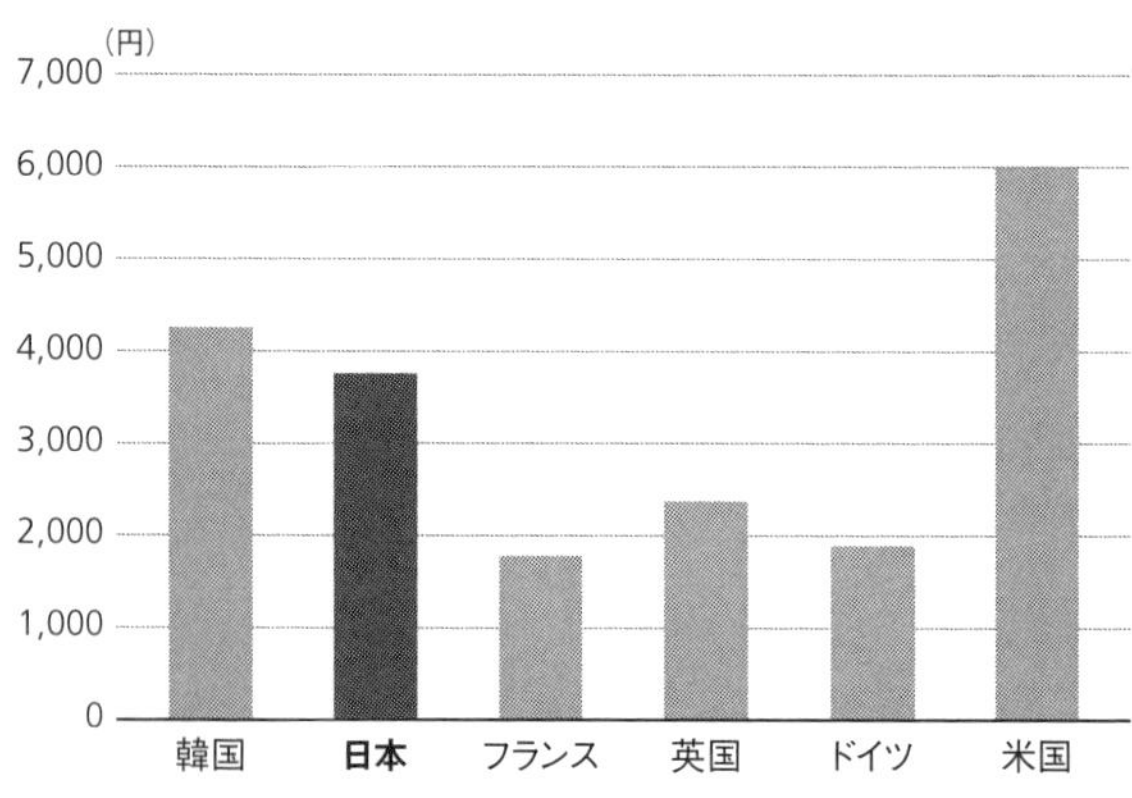

ラが整備されている国であれば、コスト的な違いが生じにくいのです。

実際、総務省の調査結果はそれを裏付けるものとなっています。

ではなぜ日本では携帯電話の料金の高さが問題になるのでしょうか。最大の理由は本書のテーマである日本の「安さ」です。

先ほどから日本の価格が安くなったという事例を紹介してきましたが、商品やサービスの中には、国内事情とは関係なくグローバルな市場環境で価格が一方的に決まってしまうものも少なくありません。国内の所得が低く、物価が安く推移している場合には、こうしたグローバルな商品やサービスの価格は相対的に高く感じてしまいます。通信料金はそうした価格のひとつなのです。

ここで大卒初任給の差を思い出してください。

1カ月の通信料金が同じ1万円だったとしても、大卒の初任給が月50万円の外国と、20万円の日本を比較した場合、当然のことながら日本人にとってはかなり高く感じますし、現実の経済的負担も重いということになるでしょう。日本の通信料金が高いという話は、通信会社の料金そのものの問題というよりは、日本が安く貧しい国になったことと密接に関係しているのです。

日本の通信料金が不透明だった理由のひとつは、端末と通信サービスをセット販売し、何にいくらかかっているのかを分かりにくくしていたことですが、この現象も、実は国全体の物価と無関係ではありません。

日本ではアップルのｉＰｈｏｎｅが大人気で、市場シェアの7割以上をｉＰｈｏｎｅが占めていた時期もありました。しかし、ここまでｉＰｈｏｎｅが売れているのは、全世界でも日本だけであり、日本は極めて異質な市場です。

海外市場ではｉＰｈｏｎｅは高級品と見なされており、多くの国では6〜7割の人がアンドロイドの携帯電話を購入しています。

ｉＰｈｏｎｅの価格は高く、製品によっては10万円以上もしますが、アンドロイドの場合には安い機種を探せば1万円程度で買えてしまいます。本来であれば、アンドロイドを買う人が多くなるはずですが、これは消費者の好みや感性の問題です。日本人の多くは、どうしてもｉＰｈｏｎｅが欲しいわけですから、当然、事業者側もｉＰｈｏｎｅの販売に力を入れることになりますが、ここで大きな問題が発生します。

日本は先進各国と比べると物価が安く所得が下がっているにもかかわらず、消費者は高級品であるｉＰｈｏｎｅを欲しがっています。

例えば、ｉＰｈｏｎｅ11Ｐｒｏの64Ｇバイトのモデルは日本では約11万円、米国では約1000ドルで売られています。日本人の平均月収は約36万円ですから、日本人は月収の3分の1をｉＰｈｏｎｅに注ぎ込んでいるのです。一方、米国人の平均月収は5250ドルなので、ｉＰｈｏｎｅの価格は月収の5分の1以下です。月収の5分の1でもかなり高いですが、日本人にとってはさらに高い買い物といってよいでしょう。

通信会社としては、ｉＰｈｏｎｅと通信回線を一緒に販売すれば、ｉＰｈｏｎｅを欲しがる利用者を自社の通信サービスに誘導できますから、端末と回線のセット販売を強化したいと考えます。

しかし米国人でも高いと感じるｉＰｈｏｎｅに、国内で正直に11万円の値札を付けてしまうと、購入を躊躇（ちゅうちょ）する人が続出してしまいます。

そこで通信会社各社が考え出したのが、端末価格を月々の通信料金に含ませてしまい、総額でいくらの金額を端末に払っているのかを分かりにくくするという価格戦略でした。これが行き過ぎてしまい、日本の通信料金の価格体系は突出して不透明な状況になってしまったのです。

本来、通信回線と端末は別々のものですから、筆者は通信会社の不透明な価格表示を擁護するつもりは毛頭ありません。しかしながら、このような価格体系になってしまった背景には、日本の物価や賃金が安く、価格をストレートに表示すると販売数量が落ち込んでしまうという問題があるのです。

もはや自動車は富裕層の持ち物

グローバルに価格が決まる商品の代表といえば、やはり自動車でしょう。

自動車産業というのは完全にグローバル化しており、ガラパゴス化が激しいといわれる日本の産業界の中では、極めて異質な存在です。

業界トップのトヨタ自動車は、年間約900万台の自動車を販売していますが、国内での販売比率はわずか24%です。残りは北米やアジアなど海外での販売となっており、トヨタのビジネスは国内事情とはほぼ無関係に決まってしまいます。生産体制もほぼ同様で、コストが安い地域で生産し、売れる地域で販売するというのが原理原則です。トヨタは業界内でも国内生産比率が高い部類に入りますが、それでも生産の約半分は海外となっています。

そうなってくると、自動車の販売価格というのは国内事情とは無関係に決まってきます。具体的には世界経済の成長とそれに伴う全世界の消費者の購買力が大きく影響します。ここ20年、世界経済は順調に成長し、日本を除く各国では物価も上昇してきましたから、自動車の価格も上がる一方でした。

自動車はマイナーチェンジを繰り返しますし、同じモデルでもオプションによって最終的な販売価格が異なるため、同一条件での価格推移を調べるのは困難です。しかしながら、自動車メーカーの販売総額を販売台数で割れば、1台あたりのおおよその価格推移を把握することが可能です。

次ページの図はトヨタ自動車の1台あたりの価格推移を示したグラフです。

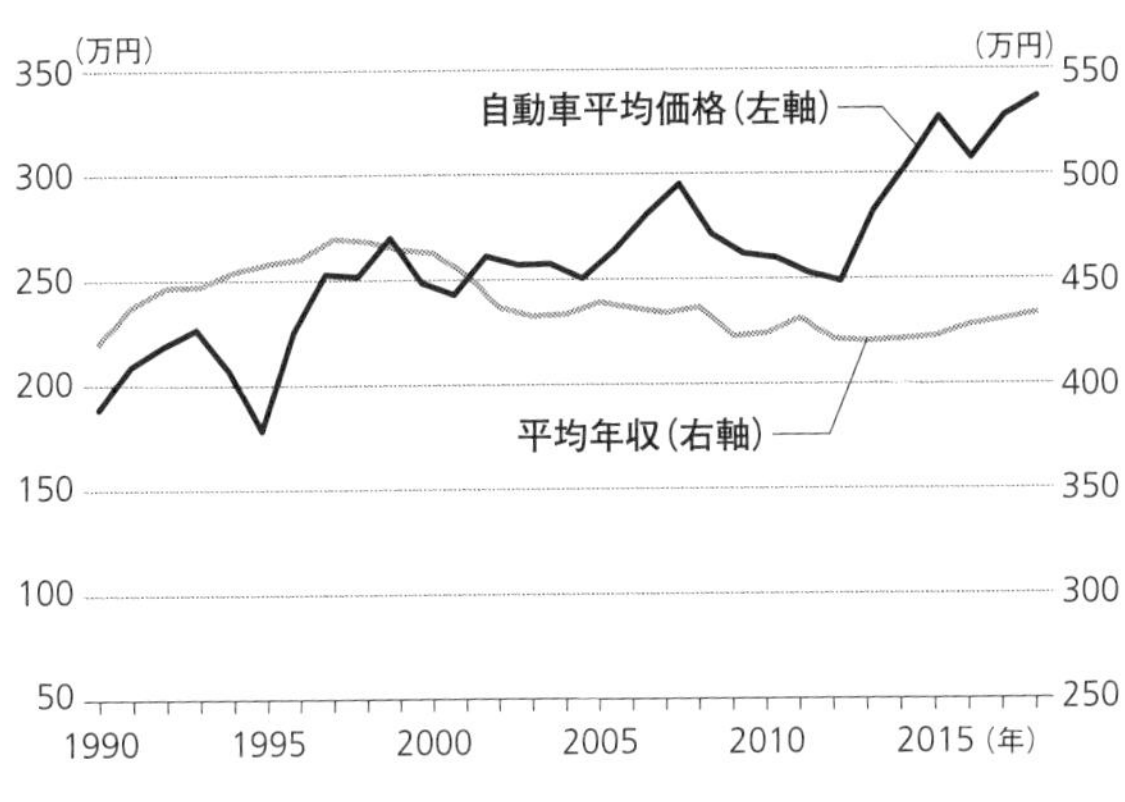

出所)トヨタ自動車、OECDから筆者作成

１９９０年代には２００万〜２５０万円程度だった自動車の平均価格は２０００年代には２５０万円を超え、２０１５年以降は３００万円を突破しています。日本はデフレが続いているなどと喧伝されていますが、自動車の価格はデフレなどまったくお構いなしであることが分かります。

日本には軽自動車という諸外国にはない特殊な車種がありますが、軽自動車というのは、所得が低い零細事業者でもトラックなどを保有できるよう、政府が例外的に作ったカテゴリーです。ところが、近年の国内市場では、特殊なカテゴリーであるはずの軽自動車しか売れないという異常事態が続いています。それは普通自動車の価格が、消費者にとっては手が出ない水準まで上がってしまったからです。

装備にもよりますが、200万円もする軽自動車が存在する時代ですから、よほどお金に余裕のある人でなければ、簡単には普通車の購入を決断できません。最近よく指摘される若い人の車離れも、大半の理由は経済的なものと考えるべきでしょう。

ちなみにグラフには日本の労働者の平均年収も記載しています。

平均年収は過去30年でむしろマイナスとなっていますから、相対的な自動車の価格は激しく上昇していることがお分かりいただけると思います。

現在の平均年収は約430万円ですが、自動車価格が300万円を超えているとなると、年収分に近い金額ということになります。日本人にとってもはやクルマは富裕層の持ち物になってしまったのかもしれません。

「億ション＝富裕層」は日本だけ

自動車と同様、不動産もグローバル経済の影響を大きく受けます。不動産は移動できないものなので、ドメスティックな産業というイメージが強いかもしれませんが、現実は大きく異なります。

ここ数年、首都圏ではマンション価格の高騰が続いており、都心部においては、すでに一般庶民では手が出ない水準まで上昇しています。

不動産経済研究所の調査によると、2019年における首都圏マンションの平均販売価格は5980万円と前年を1・9％上回りました。首都圏のマンション価格はリーマンショック以降、ほぼ一貫して上昇が続いており、過去7年間で1500万円近く上がっています。

マンション販売戸数は2019年以降、急激に失速しているのですが、それまでは順調な伸びを示してきました。価格が上がっているにもかかわらず、販売が好調だった理由のひとつは量的緩和策による極端な低金利です。

低金利の慢性化によってローン利用者の支払総額は大きく減っており、これがマンションの価格上昇分を吸収したのです。購入者が負担する総額がそれほど増えなかったことから、これがマンションの購入を後押しする形になりました。

しかしながら、平均価格が6000万円というレベルになると話は変わってきます。多くの購入者が、親から資金援助してもらい、夫婦共働きで長期の住宅ローンを組んでいると考えられますが、それでも6000万円（利子を含めると7000万円を軽く超える）

という水準になると、手が出なくなります。

こうした事情から、一部メディアではオリンピック終了をきっかけに、マンション価格が暴落するとの予想が高まっていました。また、新型コロナの感染拡大で全世界的な景気後退も危惧されていますが、よほどのことがない限り、マンション価格が大幅に下落する可能性は低いでしょう。その理由は、全世界的に資材価格が高騰していることに加え、相対的に日本の不動産価格が安く推移してきたからです。

マンション建設に必要なコストは、コンクリートや鉄筋、内装といった各種資材コスト、土地の取得コスト、そして建設コストの3つですが、ここ数年、すべてのコストが上昇しており、マンションのデベロッパーは追加負担の増加に悩まされています。

いくら需要が減っても、赤字で販売することはできませんから、コストが高い状況では販売価格は下げようがありません。つまり、デベロッパー各社は安く売りたくても売れないというのがホンネなのです。

各種コストが上昇している最大の理由は、全世界的な経済規模の拡大です。

近年、世界経済の拡大によって、これまで貧しかった新興国の生活水準が上がり、多くの国で建設需要が高まっています。これは景気がよい、悪いということではなく、需要の絶対値が増えているという話ですから、そう簡単になくなるものではありません。

一方で資材の産出量には限りがあります。資材価格は全世界的に高騰しており、日本の建設会社だけが資材を安く調達することはほぼ不可能となっています。

国内事情しか影響しないように思える土地の取得コストについても、実は世界経済の影響を大きく受けています。不動産というのは、非常に汎用性の高い資産であり、全世界の投資家にとって投資しやすい対象のひとつです。

相対的に不動産価格が安い国があった場合、国内事情とは無関係に海外資本が流入し、国際的な価格水準に近づくケースがよく見られますが、日本もその例外ではありません。

ＯＥＣＤの調査によると、２０００年を１００とした日本の不動産価格は78・5と低迷しており、諸外国では唯一、価格が下がっています。

一方で、諸外国の不動産価格は驚くべき水準まで上昇しています。同じ期間で、米国は1・8倍、英国は2・5倍、オーストラリアは何と3・5倍に上昇しました。

先ほどの価格比較サイトによると、東京（中心部）におけるマンションの平均価格（70平方メートル）は約８２００万円ですが、同じ基準で比較するとロンドンは1億５０００万円、シンガポールも1億５０００万円、ニューヨークは1億２０００万円、上海が約1

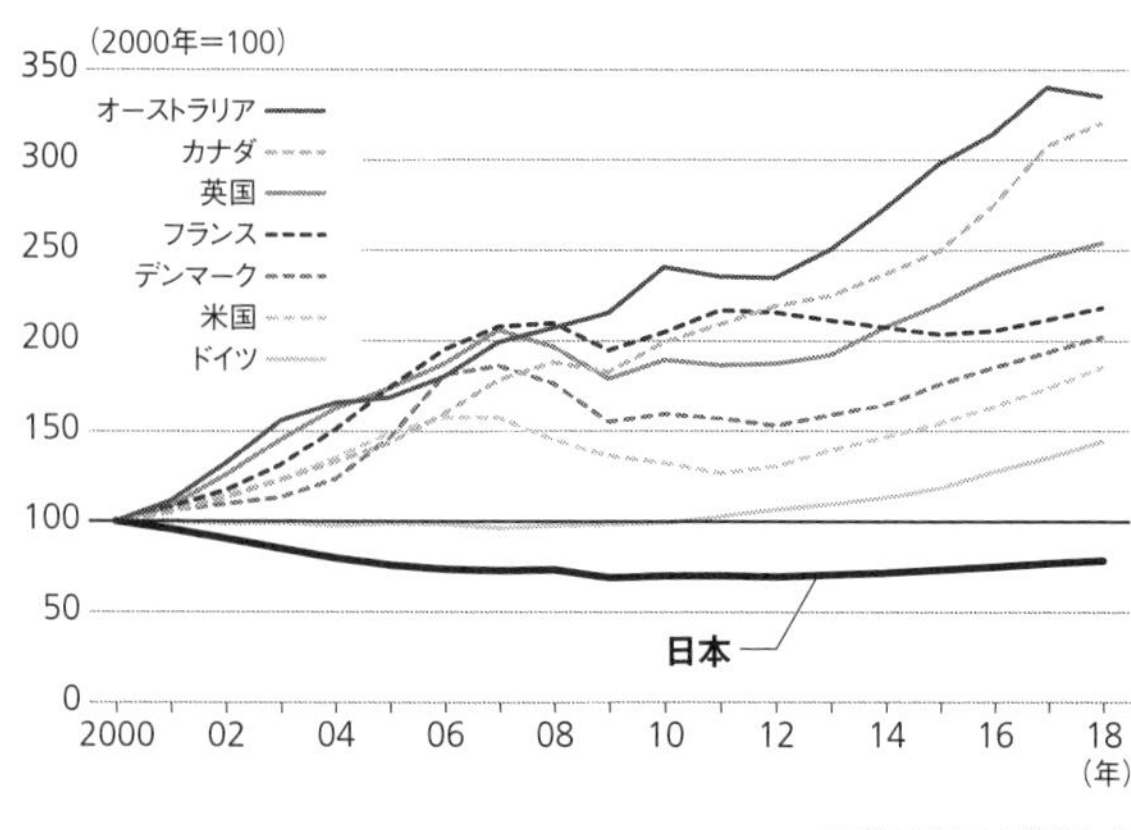

出所）OECDから筆者作成

億円と軒並み億単位になっていることが分かります。

当然のことながら賃貸価格は不動産価格に比例するので、東京におけるマンションの家賃も諸外国と比較するとかなり安くなっています。

日本では「億ション」という言葉があり、1億円を超えるマンションというのは富裕層が購入するものというイメージが強いかもしれません。かつては諸外国も同じで、100万ドルのマンションは高嶺の花という時代がありましたが、全世界的に驚異的な経済成長が続き、日本だけがその流れに取り残されたことで、億ション＝富裕層というのは日本だけの常識となってしまいました。

先進諸外国における1億円のマンションというのは、一定以上の仕事に就いている中産階級が普通に購入する物件であり、明らかに日本における常識と世界の常識は乖離しています。

こうした内外価格差を国際的な投資資金が見逃すはずはなく、日本にも海外から投資資金が流入しており、これが都市部の優良物件の価格上昇に影響を与えてきました。高級タワマンの購入者の一部は、中国を中心としたアジア人だといわれていますが、彼等からすると日本の高級物件は「掘り出し物」に見えるのです。

これは国内事情とは関係ない話ですから、全世界の不動産価格が大幅に下落しない限り、国内マンション販売が不振であっても、価格が下がりにくい状況が続くと考えられます。しかしながら、全世界の不動産価格が暴落するような事態となれば、それは恐慌とも言うべき状況ですから、日本の賃金も大幅に下がってしまいます。日本人にとっての負担は同じであり、結局、海外との相対的な価格差は維持されることになるでしょう。

日中の単位労働コストはすでに逆転

グローバル化によって世界の価格差が縮小していることは、企業の経営にも様々な影響を与えています。

一昔前の日本メーカーは、安い賃金を求めてアジア各国に工場を建設するというのが定番でしたが、驚くべきことに、近年、その流れが逆転しつつあります。アジア地域の人件費高騰が激しいことから、アジアに建設した工場を閉鎖し、日本国内に生産拠点を移す企業が増加しているのです。

自動車メーカーのマツダは2020年から、タイで行っていた生産の一部を国内の工場に戻します。タイの通貨バーツの上昇が続き、採算が悪化したことが最大の理由ですが、日本の賃金が相対的に安くなったことも影響していると考えられます。

こうした動きを見せているのはマツダだけではありません。ここ2～3年、様々な業種で、中国などアジア地域の生産拠点を国内に回帰させる動きが目立っています。

資生堂は新工場の建設にあたって、これまで重視していたアジアではなく、国内を中心に立地を進めており、2019年には福岡県に工場を建設する計画を発表しました。ユニ・チャームも福岡県で新工場を立ち上げましたし、ライオンは香川県で工場建設を進めています。このほかパナソニックやキヤノンといった電機メーカーや、TDKなどの部品メーカーも、一部の生産拠点を中国などから国内にシフトしています。

経済産業省がまとめた2018年度版ものづくり白書によると、過去1年間で国内生産に戻したケースがある企業は全体の14・3%となっており、2016年との比較で2・5ポイント増加しました。

国内生産に戻す前の地域は中国・香港が62・2%と圧倒的に多くなっており、続いてタイ（10・8%）、ベトナム（6・3%）となっています。大きな流れとしては中国での生産を国内に切り換える動きが進んでいるとみてよいでしょう。

各社が日本からアジア各国に生産拠点をシフトさせてきた理由は、日本国内の賃金が高く、コスト的に不利だったからですが、こうした状況も変わりつつあります。生産性なども考慮した場合、日本は必ずしも割高とは限らなくなっており、これが国内回帰の決断を後押ししているのです。

どこで生産するのが合理的なのかを判断する指標のひとつに単位労働コスト（ULC：ユニットレーバーコスト）というものがあります。この指標は名目賃金の総額を実質GDPで割ったものですが、実質GDPというのは数量ベースのGDPと言い換えることができますから、これは生産量を1単位増加させるために必要な労働コストと解釈することが可能です。

日中における単位労働コストの推移

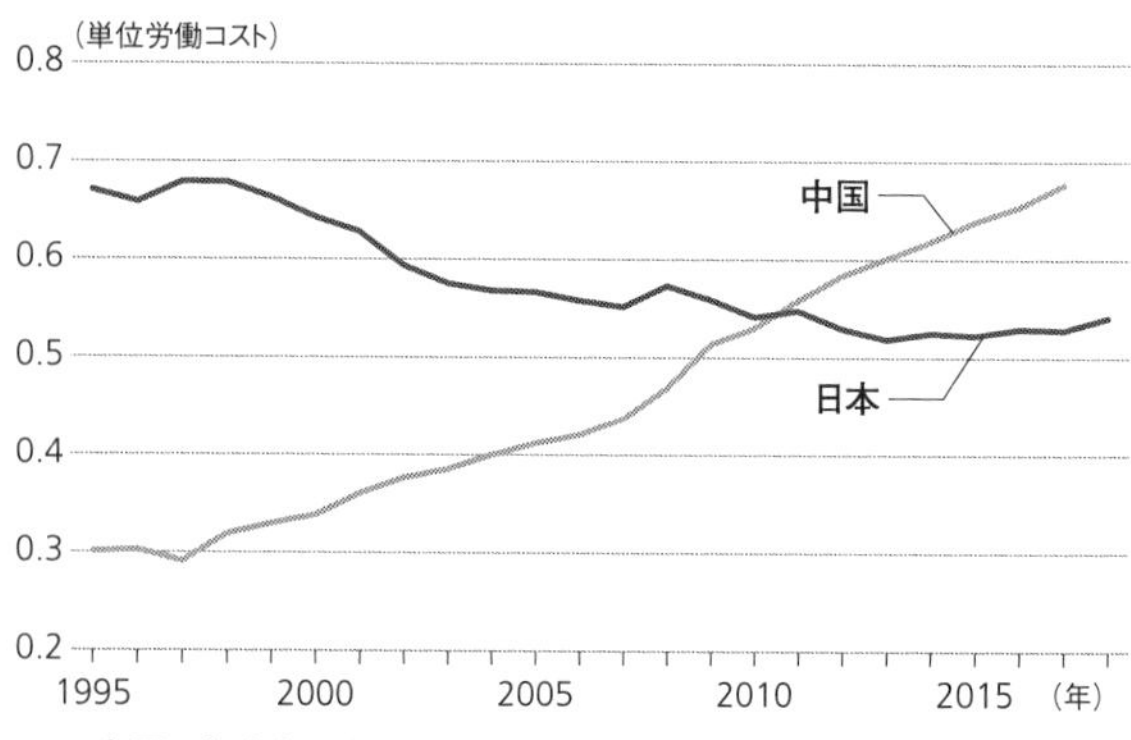

中国は都市部の就業者数と賃金を利用、購買力平価でドル換算

出所）中国国家統計局、OECD、内閣府などから筆者算定

名目賃金と実質GDPをそれぞれ労働者数で割ると、1人あたりの名目賃金と実質ベースの労働生産性になるので、単位労働コストが上昇しているということは、名目賃金の上昇率が実質労働生産性の上昇を上回っていることを意味しています。つまり単位労働コストが上がっている場合、生産には相対的に不利になるわけです。

購買力平価でドル換算した日本と中国の単位労働コストは1990年代には2倍以上の差がありましたが、日本のコストは年々低下し、逆に中国のコストは上昇が続いてきました。2010年代前半に両国の単位労働コストは逆転しており、最近はその差がさらに拡大している状況です。

労働者の賃金の絶対値はまだアジアの方が安いですが、生産性なども含めた総合的な観点では、すでに日本国内で生産した方が低コストというのが現実なのです。

日本人が海外に出稼ぎに行く日も近い

日本は現在、極端な人手不足となっており、こうした状況に対処するため、安倍政権は外国人労働者の大量受け入れを決定しました。日本の産業界の一部は、外国人労働者について低コストな労働力と認識しているようですが、こうした状況がいつまで続くのかは微妙な状況となっています。

実は、アジアの賃金が大きく上昇したことから、高い賃金を求めて逆にアジアで働くことを検討する日本人が徐々に増えているのです。つまり外国人が日本に出稼ぎに来るのではなく、逆に日本人が外国に出稼ぎに行く可能性が出てきたわけです。

この話は、ＩＴエンジニアなど比較的賃金の高い職種ではかなり現実的になっていると見て差し支えないでしょう。

経済産業省が行った調査によると、日本におけるＩＴ人材の平均年収は５９８万円で、平均的な労働者より多少、年収が高いという結果になりました。一方、米国のＩＴエンジニアの平均年収は1157万円と日本の2倍近くになっています。

これまで見てきたように米国や欧州など先進各国はすでに日本の1・5倍から2倍の物価になっていますから、賃金もかなりの高水準です。しかしながら注目すべきなのはアジア地域です。

韓国のIT人材の平均年収は498万円、インドは533万円ともはや日本と大差ありません。グローバルなビジネスの場合、場所による賃金格差は縮小しつつあるという話をしましたが、IT分野はそうした傾向が強いようです。さらに注目すべきなのは中国とタイです。中国のIT人材の平均年収は354万円とすでに日本の6割に達していますし、まだまだ新興国というイメージの強かったタイも192万円です。

日本の場合、年功序列の人事制度ということもあり、年代によって年収がほとんど決まっていますが、諸外国は異なります。

平均値でこそ日本を下回っていますが、インドにおける20代から30代のITエンジニアの中には6000万円台の年収を稼ぐ人がいます。同様に韓国では3000万円台、中国も3000万円台のエンジニアが存在しており、タイも高い人になると2000万円を突破します。ある程度の実力があれば、アジアで働いた方が高い年収を稼げる可能性が高まっていることが分かります。

一昨年、日本の料理人がマカオに転職したところ年収が4倍になったという話がネットで話題になったことがありました。これも特殊な例ではありますが、ＩＴエンジニアといった先端産業ではなく、ごく一般的な業種でも場合によっては海外で就職した方が年収が高いというケースが出てきています。

現在、何人の日本人がこのような形で海外就職しているのかを示す統計というのは存在していません。

しかしながら外務省が行っている海外在留邦人数調査統計のデータから推定すると、現地採用されている日本人はすでに10万人レベルになっていると考えられ、その数は今後急速に増えると予想されています。

これまで海外に就職する人材というのは、金融マンやコンサルタントなど、いわゆる超エリートばかりでした。しかし、それなりのスキルを持っていれば、ごく普通のビジネスパーソンでも海外で豊かな生活を送れるということになると、海外に行ける人材と行けない人材との間で大きな格差が生じることになります。ただでさえ人手不足が深刻なところに、海外就職が増えれば、国内のビジネス環境はさらに悪化してしまうでしょう。

最終的には日本経済にも大きな影響を与える可能性がありますから、政府は関連した統計を早急に整備し、実態をしっかり把握した方がよいでしょう。

海外の年金生活者が安いニッポンに大挙

日本の物価がこのまま安く推移した場合、海外に出稼ぎに行く日本人が増えると同時に、海外から安い物価を求めて年金生活者がやってくる可能性もあります。この件についても明確な統計はありませんが、近年、高齢者の外国人夫婦で、明らかにリタイアしていると思われる雰囲気の外国人を見かけることも増えてきました。

海外から年金生活者がやってくることについて快く思わない人もいるようですが、かつての日本は国をあげて物価の安い国に年金生活者を移住させようという政策を実施していた時代がありました。１９８６年に通商産業省（現在の経済産業省）が立案したシルバーコロンビア計画です。

同計画は、日本の年金生活者をスペインなどの地域に移住させ、現地で快適な老後を過ごしてもらうというものです。

同省では、スペインの一戸建て住宅（約２００平方メートル）は当時の金額で１０００

万円程度で購入できると試算しており、月々の生活費も10万〜15万円で済むとしていました。２０００万円の退職金と月20万円の年金があれば、スペインで悠々自適の生活ができるという算段です。

この計画を主導した同省の北畑隆生（当時通産省サービス産業室長、後に経済産業次官）氏は、自らも退官後はスペインに移住すると公言し、海外移住を推奨していました。

当時の日本は、プラザ合意によって急速に円高が進んでおり、１人あたりのＧＤＰの順位も急上昇していました。この計画が発表された当時のスペインの１人あたりのＧＤＰは約６５００ドル、一方で日本の１人あたりのＧＤＰは１万７０００ドルもありました。

実際の生活感覚に近い購買力平価のドルベースでも、スペインは１万１０００ドル、日本は１万４０００ドルでしたから、スペインに移住すれば年金生活者でもそれなりの生活をすることが可能でした。

ところが、プラザ合意による過剰な円高はやがて修正され、日本は長期的な経済の低迷に直面。一方、スペインはユーロ圏に入ったことで急激に成長し、同国の物価は２・７倍に高騰しています（日本はわずか１・２倍）。当然ですが、今となっては日本のわずかな年金だけでスペインで暮らすことは到底不可能です。

ちなみに、スペインに移住すると公言していた北畑氏は、2008年に同省を退官するにあたり、前言をいとも簡単に撤回し、結局、スペインには移住しませんでした。政府の宣伝に乗せられて、実際に移住した人が何人いたのかは分かりませんが、自己責任とはいえ相当な苦難だったと思われます。

この計画は当初から机上の空論だった面もありますが、当時の日本の国力からして海外移住するだけの余力があったのは事実です。実際、欧米各国では、それなりの行動力のある人に限定されますが、老後を物価の安い外国で過ごすという人は少なくありません。日本が国をあげて高齢者の外国移住を推奨していたわけですから、逆に諸外国が安い日本に老人を移住させようと計画を立てたとしても、文句を言うことはできないでしょう。

スペイン移住計画当時の状況から考えると、1人あたりのGDPが3割以上大きい国であれば、高齢者の移住が現実的視野に入ることが分かります。現時点において日本よりも1人あたりのGDPが3割以上高い国としては、米国、シンガポール、スイス、香港、マカオなどがあります。欧米人で日本においてリタイア生活を送りたいと考える人は少数派ですから、やはりアジア地域がもっとも可能性が高いでしょう。

比較的所得が高く、運用原資のある人であれば、そこまで豊かではない国からも移住してくる可能性がありますから、そうなるとオーストラリアや台湾なども該当してきます。

日本人の中でも、働き盛りの時にはアジア地域で稼ぎ、老後は日本に戻って、安い生活を堪能するというライフスタイルを選択する人が出てくるかもしれません。

第2章　安さだけではない、日本の転落

日本の国際的な地位は急激に低下

第1章では、日本が諸外国から見て、すでに「安い国」になっているという現実についてお話しししました。

物価が安いということは、モノやサービスを安く調達できるということですから、暮らしやすいと考えることもできますが、それは物事の一面に過ぎません。物価が安いということは、賃金も安いということですから、場合によっては安い国＝貧しい国になってしまいます。

非常に残念なことですが、日本の国際的な地位はここ20年で大幅に低下しており、日本社会は急速に貧しくなりつつあるというのが現実です。この話は、海外事情に詳しい人の間では、以前から常識的なことだったのですが、島国である日本の場合、海外の情報が直接的に入りにくいということもあり、社会一般に浸透しているとはいえません。

日本の国際的な地位が著しく低下していることは、各種の指標やランキングを見れば一目瞭然です。

スイスのＩＭＤという組織が毎年発表している世界競争力ランキングという指標があり

ます。これは経済状況、政府の効率性、ビジネスの効率性、インフラ整備など多方面から各国の競争力について比較したもので、各国の競争力を端的に示す指標としてよく使われています。

この調査は1989年から継続して行われていますが、日本は調査がスタートした当初はランキング1位でした。ところが、1990年代後半から順位を落とし始め、2003年には27位まで低下。一時、再度、上昇するかに見えましたが、その後はさらに悪化し、最新の2019年では何と30位にまで低下しています。

2019年に1位となったのはシンガポール、2位は香港、3位は米国、4位はスイスとなっており、日本は中国（14位）やドイツ（17位）に大きく引き離されているだけでなく、タイ（25位）や韓国（28位）よりもランクが下です。

こうしたランキングに対しては、常に「恣意的ではないか」「基準によって評価は変わるので意味がない」といった批判の声が寄せられます。確かにランキングというのは、基準によって結果が変わるので、その順位を絶対視するのは危険ですが、重要なのは、順位の絶対値ではなく、過去、どのように推移してきたのかという部分です。

こうしたランキングは基本的に毎年、同じ基準で評価するわけですから、日本のランキ

競争力ランキングにおける日本の順位

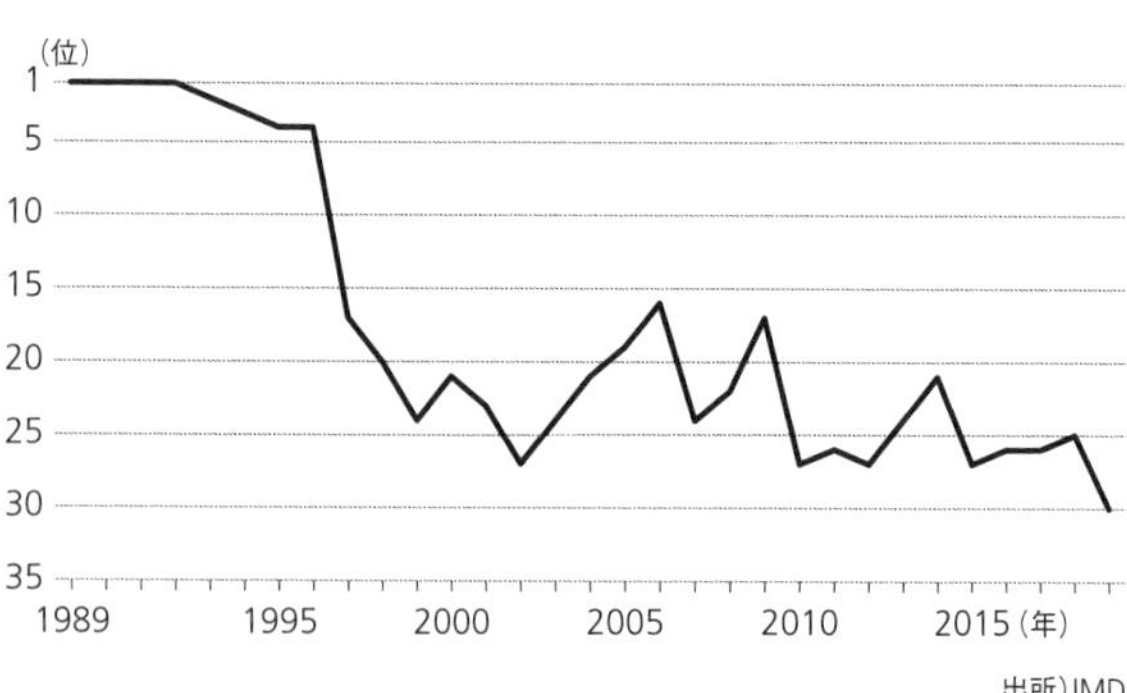

出所）IMD

2019年のランキング結果

順位	国名	順位	国名	順位	国名
1	シンガポール	22	マレーシア	43	インド
2	香港	23	英国	44	イタリア
3	米国	24	イスラエル	45	ロシア
4	スイス	25	タイ	46	フィリピン
5	アラブ首長国連邦	26	サウジアラビア	47	ハンガリー
6	オランダ	27	ベルギー	48	ブルガリア
7	アイルランド	28	韓国	49	ルーマニア
8	デンマーク	29	リトアニア	50	メキシコ
9	スウェーデン	**30**	**日本**	51	トルコ
10	カタール	31	フランス	52	コロンビア
11	ノルウェー	32	インドネシア	53	スロバキア
12	ルクセンブルグ	33	チェコ	54	ウクライナ
13	カナダ	34	カザフスタン	55	ペルー
14	中国	35	エストニア	56	南アフリカ
15	フィンランド	36	スペイン	57	ヨルダン
16	台湾	37	スロベニア	58	ギリシャ
17	ドイツ	38	ポーランド	59	ブラジル
18	オーストラリア	39	ポルトガル	60	クロアチア
19	オーストリア	40	ラトビア	61	アルゼンチン
20	アイスランド	41	キプロス	62	モンゴル
21	ニュージーランド	42	チリ	63	ベネズエラ

出所）IMD

ングが年々下がり、1位から30位まで低下してしまったということは、同じ条件で比べた時の水準が確実に低下していることを意味しています。

さらに注目すべきなのは、主要国の中で、一方的に順位が下がっているのは日本だけであるという点です。米国は調査が始まって以来、ずっとトップクラスを維持していますし、ドイツも多少の変動はありますが、たいていの年で5位から15位以内をキープしています。当然ですが、中国は経済成長が著しいですから、年々順位を上げています。日本だけが一方的に負け続けているという状況ですから、やはりここには大きな問題が存在していると考えるべきでしょう。

日本からノーベル賞受賞者は出なくなる

日本の競争力、国力が落ちているのは、1990年代の後半あたりからイノベーションが停滞し、卓越した製品やサービスを開発できなくなっていることが原因です。各国の基礎的な国力や競争力は、研究開発の活発さとほぼ比例しますが、研究開発の状況は、発表される論文数を見るとよく分かります。

次ページの図は、科学技術・学術政策研究所の調査による各国の論文数推移です。

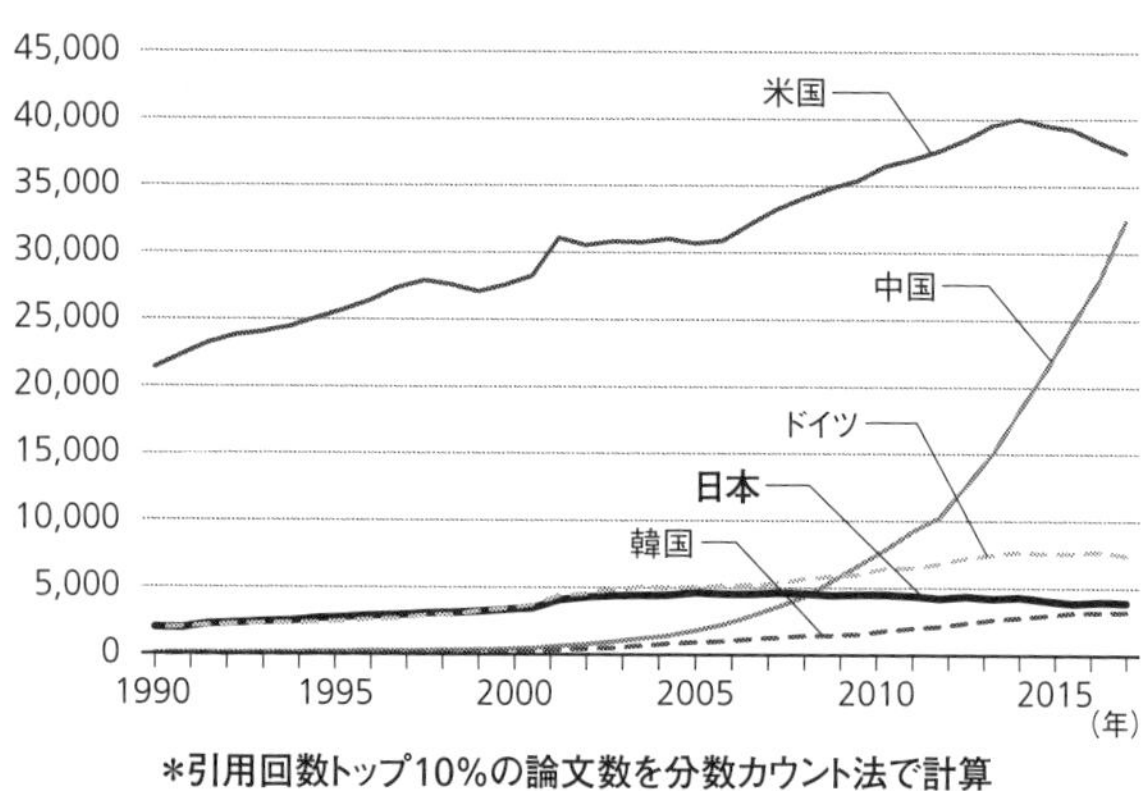

＊引用回数トップ10%の論文数を分数カウント法で計算

出所）科学技術・学術政策研究所、科学技術指標2019

基本的に各国の競争力は論文の数に比例するといわれていますが、あまりレベルの高くない論文を量産しても、論文数自体は多くカウントされてしまいます。このため比較を行う場合には、優秀な論文が何本発表されているのかという指標を用いる必要があります。具体的には、引用回数がトップ10％に入る論文が何本あるのかというものです。

優秀な論文ほど、各国の研究者が引用することになりますから、この数字を見ると、論文の優秀さを数値化できる仕組みです。また、国の競争力を比較する場合、外国との共著論文の影響を考慮する必要がありますから、海外の貢献度を差し引くことになります。

こうして算出された上位10％の論文数です

が、日本はかなり危機的な状況にあります。1990年代までは、米国が圧倒的なトップであり、韓国と中国は日本よりも少ないという状況でした。ところが2000年代に入ってから中国が驚異的な勢いで論文数を伸ばし、現在では米国に匹敵する水準になっています。

ドイツと韓国は中国ほどではないものの、論文数を伸ばしていますが、何と日本はむしろマイナスになっており、このままでは韓国に抜かれる可能性が高いと思われます。日本は経済が低迷していることから、研究にお金をかけることができなくなっており、日本の研究機関はかなり疲弊した状況にあります。

このところ日本人がノーベル賞を受賞するケースが増えていますが、ノーベル賞というのは、たいていの場合、30年以上前の研究業績に対して付与されます。優秀な論文数が現状でマイナスになっているということは、近い将来、日本からノーベル賞受賞者が出なくなる可能性が高いと考えてよいでしょう。

ちなみに　教育に対する公的支出のGDP比率を比較した調査では、日本は43カ国中40位という致命的な状況となっています。日本の大学における学生1人あたりの教育費は約2万ドルですが、これは米国の3分の2の水準しかありません。初等中等教育も似たような状況となっており、生徒1人あたりの教育費は米国より20％も少ないというのが現実なのです。

日本は急速な勢いで教育にお金をかけない国になっているのですが、これは日本政府の教育関係予算に端的に表れています。日本政府の予算（一般会計）に占める文教費の割合は、1960年代には12％近くありましたが、現在では4％近くに低下しています。子どもの数が減っている事情を考慮しても大きな減少幅といってよいでしょう。

経済成長ができないため税収が伸びず、景気対策や年金、医療といった項目に優先的に予算が割り当てられた結果、文教費が後回しになっている現実が浮かび上がってきます。国力が低下した国というのは、緊急性の低い分野の予算を先に削っていく傾向が顕著ですが、これは経済成長に対してボディブローのように効いてきます。このままでは近い将来、日本の研究開発はかなり厳しい状況に追い込まれるでしょう。

ここまでお話ししてきたのは、公的な教育に関してですが、教育は公的機関だけが行うものではありません。企業の教育投資は各国の競争力を決める上で、極めて重要な役割を果たしていますが、ここでも日本の低迷ははっきりしています。

労働経済白書2016年版によると、日本企業における人的資本の装備率は、1990

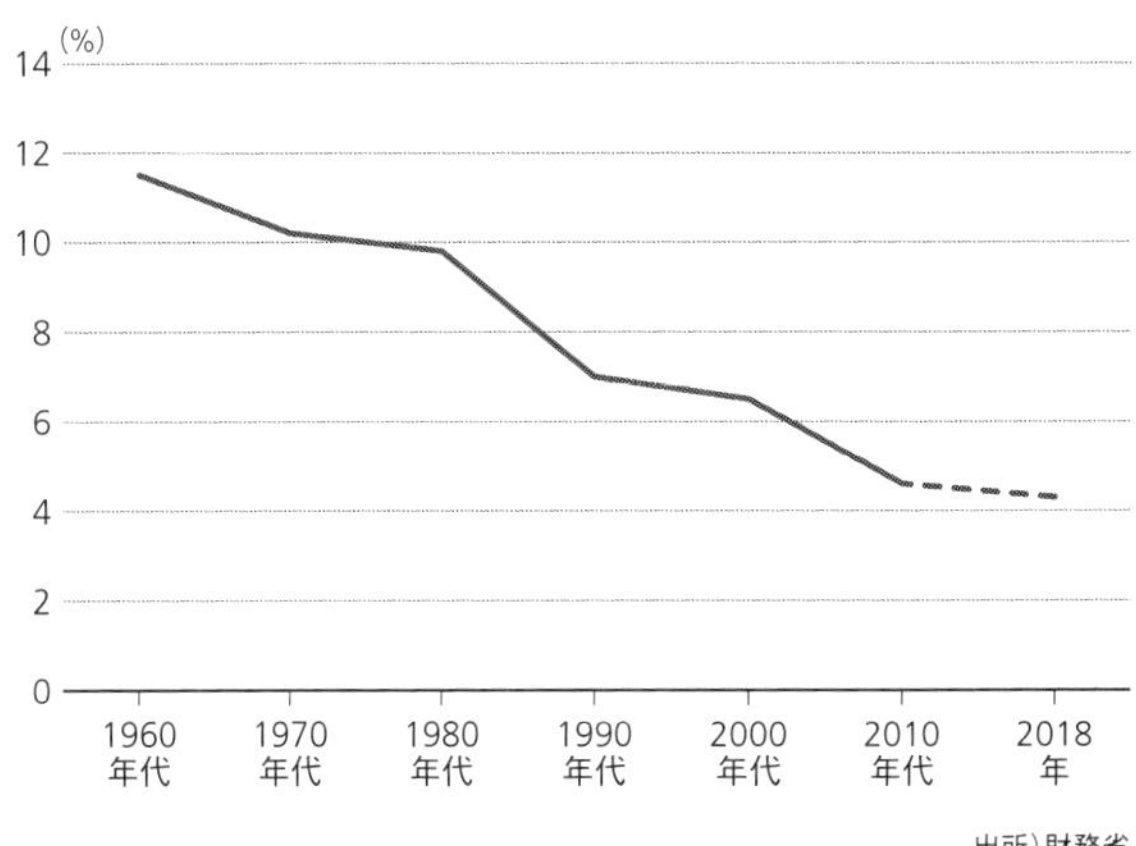

年代の後半からずっとマイナスが続いています。特に2000年以降はかなりひどい状況で、マイナス10％にも達します。これに対して英国や米国は平均するとプラス5％の増加率、ドイツも1・5％程度の増加率をキープしており、人的資本投資が厚くなっていることが分かります。

基本的に経済というものは、投入された労働力と資本の額で成長率が決まりますが、同じ労働投入量と資本投入量でも、国によって成長率は異なります。この違いは、全要素生産性という、イノベーションの度合いに起因するのですが、この全要素生産性に大きな影響を与えるのが人的資本の蓄積です。

日本は企業における人的資本に対する投資

が減っていることから、経済成長できなくなっており、これが国際的地位を低下させているわけです。

OECDの調査によると、日本の大学入学者における25歳以上の比率は2・5%とOECD平均の16・6%を大幅に下回っており、調査対象となっている27カ国中、下から2番目でした。学校を出てしまうと、もはや学ぶ機会がなくなり、これが日本人や日本企業の競争力低下に深刻な影響を及ぼしているのです。

「日本は暮らしやすい国」は過去の話

日本が暮らしやすい国であるというイメージも過去のものとなりつつあります。

日本人は日本のことを世界でもっとも安全で環境がよく、暮らしやすい国であるという認識を持っていますが、近年は必ずしもそうとは言い切れなくなっています。

グローバルに事業を展開する金融大手HSBCホールディングスが発表した「各国の駐在員が住みたい国ランキング」では、日本は調査対象33カ国中32位というショッキングな結果となりました。

ちなみに、ランキングの1位はスイス、2位はシンガポール、3位はカナダ、4位はス

駐在員が住みたい国ランキング

順位	国名
1	スイス
2	シンガポール
3	カナダ
4	スペイン
5	ニュージーランド
6	オーストラリア
7	トルコ
8	ドイツ
9	アラブ首長国連邦
10	ベトナム
11	バーレーン
12	マン島
13	ポーランド
14	アイルランド
15	香港
16	マレーシア
17	フランス
18	インド
19	ジャージー島
20	スウェーデン
21	メキシコ
22	タイ
23	米国
24	フィリピン
25	ガーンジー
26	中国
27	英国
28	イタリア
29	サウジアラビア
30	南アフリカ
31	インドネシア
32	**日本**
33	ブラジル

出所）HSBC

ペイン、5位はニュージーランド、6位はオーストラリアで、逆に日本より評価が低かった最下位の国はブラジルでした。

上位に並んでいる国を見ると、2つの特徴が浮かび上がってきます。

スイス、シンガポールがその典型ですが、極めて賃金が高く、完璧なビジネス環境が整備されていることが順位に大きく貢献しています。個別項目の評価結果を見ると、スイスは、圧倒的に賃金のポイントが高くなっています。一方で、幸福感や満足感といった項目のポイントは低めでした。シンガポールも似たような結果で、賃金では圧倒的な高得点ですが、ワークライフバランスのポイントは高くありません。

世の中には、ハードワーカーと呼ばれる人が一定数存在しており、それはそれでひとつの価値観だと思います。限界ギリギリまで働いて高収入を得ようという人にとって、ワークライフバランスは重要なテーマではありません。

一方、カナダ、スペイン、ニュージーランドといった国は、ガツガツ仕事をしない国というのが一般的イメージですが、実際、このランキングでも、ワークライフバランスの点数が高く、これが総合順位を押し上げた格好です。

筆者は昨年、仕事で香港に行きましたが、ホテルのフロントで諸手続きに少し時間がかかり、30代と思われるフロント係の人と少し雑談する羽目になりました。カナダで育った彼は、親族の要請で香港に移り住んだそうですが、彼は「(香港はカナダと比べて)仕事がキツくて大変だ」とグチをこぼしていました。彼によると、カナダにいた時には、残業することなど考えられなかったそうですが、香港では常に上司から「成果を上げろ」「もっと仕事をしろ」とせっつかれるそうです。ちなみに香港は全体で15位と中位ランクですが、やはり賃金の高さでポイントを稼いでおり、ワークライフバランスの点数は低い水準にとどまっています。

もっとも、カナダ、スペイン、ニュージーランドなど、ワークライフバランスが高い国は、それだけで点数を稼いでいるわけではありません。これらの国の賃金は、最上位でこそありませんが、決して低くはありません。いくら残業時間が少なくても、生活が苦しい状況では、満足度は上がらないという現実を考えると、賃金が高いことは極めて重要なポイントであることがお分かりいただけると思います。

これに加えてランキングが高い国は、教育環境が充実しているという共通項があります。どんな国の人にとっても子どもは大切であり、いくら高賃金で、ワークライフバランスがよくても、教育環境が悪ければ総合評価は上がりません。

こうした状況を踏まえて、日本の個別評価を見てみると、厳しい現実が浮かび上がってきます。

日本のランキングが著しく低いのは、何かが大きく足を引っ張っているのではなく、すべての項目において評価が低いことが原因です。具体的に言うと、賃金については最下位、ワークライフバランスについても最下位、子どもの教育環境についても最下位です。

この結果を見る限り、国が違っても、ビジネスパーソンが求めるものにそれほど大きな違いはないことが分かります。今の日本社会でもっとも重要な課題となっているのは、賃金、労働時間、子育ての3つであることは誰もが認める事実だと思います。日本はすべての項目で評価が低く、全体のランキングも下がっています。

これは評価基準の恣意性が云々という話ではなく、日本の国際的なポジションが低下し、暮らしにくい国になっている現実を如実に示した結果といってよいでしょう。

さらに言えば、この結果は日本の将来を暗示している面もあります。

実は、日本よりランクが上位の国の中に、ベトナム（10位）、フィリピン（24位）、インドネシア（31位）といった国々が入っているのです。これらは、日本が外国人労働者の受け入れにあたって、人材供給源として想定しているところです。

安倍政権は２０１８年、深刻な人手不足に対応するため、外国人労働者の本格的な受け入れを行うと表明し、日本は事実上の移民政策に舵を切りました。日本企業が求めているのは安価に雇える外国人労働者であり、具体的にはベトナム、フィリピン、インドネシアといった国からの来日が想定されています。

このアンケートは駐在員に対して行ったものであり、単純労働に従事する外国人を対象としたものではありませんが、高い賃金を得て、よい環境で暮らしたいという人間の基本的な欲求は同じですから、職種によって住みたい国が大きく変わるわけではありません。

日本は、人材供給源として想定している国よりも魅力のない場所となっており、このままでは、外国人労働者すら来てくれなくなるかもしれません。下手をすると、日本は外国人労働者を受け入れるのではなく、外国に出稼ぎに行くことすら求められる可能性も出てきているのです。

日本の年金制度は新興国並み

2019年に老後2000万円問題が取り沙汰されたことから、とうとう日本の公的年金の脆弱性についても正面から議論されるようになりました。しかし、日本の国力低下に伴って、公的年金の状況が悪化しているのは専門家の間では以前から常識でした。

米国のコンサルティング会社マーサーは、大学と共同で各国の年金制度の調査を行っており、毎年、公的年金ランキングを発表しています。2019年の調査における日本の公的年金はDに分類されており、全体の順位としては37カ国中31位となっています。

カテゴリーはAランクからEランクまで区分されていますが、Eランクに該当する国はなかったので、事実上、Dランクはもっとも低いグループです。

Dランクの国名を見ると、点数が高い順に、韓国、中国、日本、インド、メキシコ、フィリピン、トルコ、アルゼンチン、タイとなっており、日本以外の国名を見ると、基本的に新興国に属する国ばかりであることが分かります。つまり日本は年金制度という点では、すでに先進国のカテゴリーから脱落しているのです。

では日本の公的年金制度は、先進諸国と比較してどこに問題があるのでしょうか。

この調査は「年金が十分に支払われているか」「年金制度に持続性があるか」「制度が誠実に運用されているか」という3つの項目で評価が行われています。また、家計収入や資産の保有状況なども考慮しているので、単純に年金制度だけを比較したものではありません。年金の給付水準が低くても、経済が豊かで家計の貯蓄や資産額が大きい国は十分性が高いと判定されますから、どちらかというと、高齢者になっても豊かな生活を維持できるのかというランキングと考えればよいでしょう。

この調査で最高ランクのAに分類されたのはオランダとデンマークでした。Bプラスのカテゴリーにはオーストラリアが、Bにはフィンランド、シンガポール、カナダ、スイス、ドイツといった国が入っています。

Aランクの2カ国は、3つの項目すべてにおいて高得点を獲得しており、十分な給付と持続性を両立しています。OECDが調査した年金の所得代替率（現役世代の平均年収の何%を年金としてもらえるか）の比較調査でも、両国はトップクラスでしたから、給付水準はかなり高いと見てよいでしょう。

マーサー・メルボルン・グローバル年金ランキング

格付	順位	国名	得点
A	1	オランダ	81
	2	デンマーク	80.3
B+	3	オーストラリア	75.3
B	4	フィンランド	73.6
	5	スウェーデン	72.3
	6	ノルウェー	71.2
	7	シンガポール	70.8
	8	ニュージーランド	70.1
	9	カナダ	69.2
	10	チリ	68.7
	11	アイルランド	67.3
	12	スイス	66.7
	13	ドイツ	66.1
C+	14	英国	64.4
	15	香港	61.9
	16	マレーシア	60.6
	16	米国	60.6
	18	フランス	60.2

格付	順位	国名	得点
C	19	ペルー	58.5
	20	コロンビア	58.4
	21	ポーランド	57.4
	22	サウジアラビア	57.1
	23	ブラジル	55.9
	24	スペイン	54.7
	25	オーストリア	53.9
	26	南アフリカ	52.6
	27	インドネシア	52.2
	27	イタリア	52.2
D	29	韓国	49.8
	30	中国	48.7
	31	**日本**	**48.3**
	32	インド	45.8
	33	メキシコ	45.3
	34	フィリピン	43.7
	35	トルコ	42.2
	36	アルゼンチン	39.5
	37	タイ	39.4

出所）マーサー

　オランダやデンマークは、政府が用意する公的年金に加えて義務的な私的年金もあり、事実上の公的年金の一部を形成しています。

　日本では私的年金は義務付けられていませんが、私的年金を義務付けてしまうと生活が苦しくなる人が出てくることがその理由です。経済的に豊かな国は公的年金プラスアルファの支出を国民に義務付けても、消費に影響が出ないのです。

　一方ドイツは、私的年金は義務付けられておらず、賦課方式の公的年金をベースにするという点では日本とよく似ています。ドイツの所得代替率は38・2％と日本よりは高いものの、他の欧州各国と比較すると低い数値といってよいでしょう。

ところが、今回のランキングでドイツの十分性は高い順位となっています。その理由は先ほども説明したように、このランキングの評価項目には、賃金や貯蓄など家計の経済力も含まれているからです。日本と比べて圧倒的に豊かなドイツの場合、年金の給付が低水準であっても、現実の高齢者の生活水準は高いので、ランキングも上位となっているのです。

日本の年金制度は、所得代替率が極めて低く34・6％しかありません。政府は現時点における所得代替率は61・7％と説明していますが、これは専業主婦世帯を想定していることや、現役世代の収入と年金収入で異なる基準を適用するなど、諸外国とは定義が異なっていることが理由です。日本の所得代替率には多くの問題がありますから、諸外国の調査における所得代替率の方が現実に近いと思った方がよいでしょう。

政府は年金制度の維持が難しくなっていることから、企業に70歳までの雇用を求めており、事実上の生涯労働制度にシフトしようと目論んでいます。

実は、日本の全人口に対する就業者数の比率は50％を超えており、これは先進国としてはかなり高い数値です。さらに言えば、日本の労働者の平均的な引退年齢（男性）はすでに70歳を突破しており、これも諸外国と比較して高くなっています。ドイツは平均64歳、フランスは61歳、英国も65歳で引退していますから、日本はとっくに生涯労働社会になっているのです。

日本の労働者は現役時代に十分な賃金をもらえず、年金で老後の生活をカバーできる仕組みにもなっていないため、事実上、一生涯の労働を余儀なくされています。これも日本の国力低下をストレートに反映した結果といってよいでしょう。

海外は物価以上に賃金も上昇している

結局のところ日本は競争力の低下から十分な賃金が支払えない状況となっており、それがあらゆる問題の源泉になっていることが分かります。

では日本の賃金はどれほど安いのでしょうか。

各国で仕事内容があまり変わらないＩＴ分野で比較すると、米国におけるＩＴ人材の平均年収は約１２００万円と日本の2倍もあります。日本とインドのＩＴ人材の平均年収はほぼ同じですが、インドという国が米国から見てどのような国であるのかということについて理解しておく必要があります。

インドは、全体的にはまだまだ貧しい国ですが、一部の人は高い教育を受けており、ソフトウェア産業が盛んです。インドの中ではIT人材はかなりの高給取りという部類に入りますが、それでも米国から見ると、同じ水準のIT人材を半額の年収で雇えるのです。

このため近年は、米国におけるIT開発の多くがコスト削減を目的にインド企業に流れており、一時は米国人のエンジニアが職を失うという問題すら発生していました。つまり、IT人材を600万円で雇えるというのは、豊かな先進国から見ると、破格の条件と映るのですが、日本は見事にその条件に合致しているのです。

幸か不幸か、日本人は英語が苦手ですし、国内は深刻な人手不足ですから、日本のIT産業はコストダウンを目的としたアウトソーシングの対象にはなっていませんが、賃金水準から見れば、日本はまさに下請けにピッタリの国といってよいでしょう。

日本では、長時間残業に代表されるように、職場の環境が劣悪であることが大きな問題となっていますが、実はこの話も最終的にはすべて賃金の問題に行き着くことになります。

2019年の年末、フィンランドの首相に就任したばかりのサンナ・マリン氏が、働き方改革の一環として週休3日制の導入を検討するというニュースが報じられました。

残念ながら、これは首相就任前の発言を元にした記事で、政府による検討は事実ではありませんでした。しかしながら、隣国のスウェーデンでは、1日6時間労働の実証試験が行われるなど、労働時間をさらに削減しようという動きが顕著です。つまり、北欧諸国では、労働時間の大幅な短縮はかなり現実的なテーマになっているのです。

ドイツやオランダでは、制度にはなっていませんが、週休3日を実現している企業は少なくありません。ドイツの1日あたりの平均労働時間は5・7時間ですから、日本と比較すると大幅に短くなっています。

大金を稼げる代わりにハードワークが半ば推奨されている米国のような国は例外として、労働時間の短縮は欧米先進国ではひとつの大きな流れになっていますし、一部の国では、全国民に無条件で最低限の所得を保障する、いわゆるベーシックインカムについても議論が進められています。

では、なぜ先進諸外国では、大胆な労働時間削減を現実的な課題として議論できるのでしょうか。その理由は、経済が豊かで十分な原資を捻出できる余力があるからです。

2018年におけるフィンランドの労働生産性（時間あたり）は65・3ドルとなっており、日本（46・8ドル）の1・4倍です。スウェーデンはさらに高く72ドル、ノルウェーは86・7ドルもあります。

日本企業は1万ドルを稼ぐために、30人の社員を投入して7時間の労働を行っていますが、フィンランドでは24人の社員が6・5時間労働するだけで済んでいます。つまりフィンランドは日本の4分の3の労働力で同じ金額を稼げるので、日本と同水準の豊かさでよければ、さらに25％ほど労働力を削減できるのです。現状は週休2日なので、この計算でいけば週休3日も不可能ではないということがお分かりいただけると思います。

もっとも、生産性を上げずに労働時間を削減すると、日本と同レベルまで経済が落ち込んでしまうので、豊かな生活を謳歌している北欧人にとっては少々、受け入れ難いでしょう。現実的な難易度はかなり高く、それゆえに政府も正式に検討する段階には至っていないようですが、理論上とはいえ、週休3日も不可能ではないというのは、日本人から見ると何ともうらやましい限りです。

この手の話をすると、北欧は小国だから実現できるのであって、大国である日本は条件が違うという批判が必ずといってよいほど出てくるのですが、そうではありません。日本と並ぶ大国であるドイツの生産性は実はフィンランドよりも高く、フィンランドが検討できるならドイツも十分に検討が可能です。

国内でも日本マイクロソフトが2019年8月に週休3日制のトライアルを実施するなど、収益力の高い企業においては机上の空論ではなくなっています。

本来であれば、日本は先進国ですから、日本企業の多くが、マイクロソフトと同じ状況になっているべきなのですが、残念ながら日本の国力は大幅に低下しており、現時点では具体的に検討を進めるのは困難です。

結局のところ、大胆な労働時間の短縮を実現できるかどうかは、企業が生み出す付加価値の水準にかかっています。もっと分かりやすい言い方をすれば、儲かるビジネスをしているかが決め手となります。国全体として儲かるビジネスができていれば、企業が生み出す付加価値が大きくなり、社員の賃金もそれに合わせて上昇しますから、労働時間削減の原資も捻出できます。

では実際のところ日本の賃金というのは諸外国と比較してどの程度なのでしょうか。

次ページの図は各国における1990年以降の実質賃金の推移をグラフにしたものです。

実質賃金というのは物価を加味した賃金のことで、名目賃金を物価指数を用いて修正し、購買力平価の為替レートを使ってドル換算したものです（購買力平価については第5章を参照）から、物価の上昇分も考慮した数字です。つまり実質賃金の推移を見れば、各国の

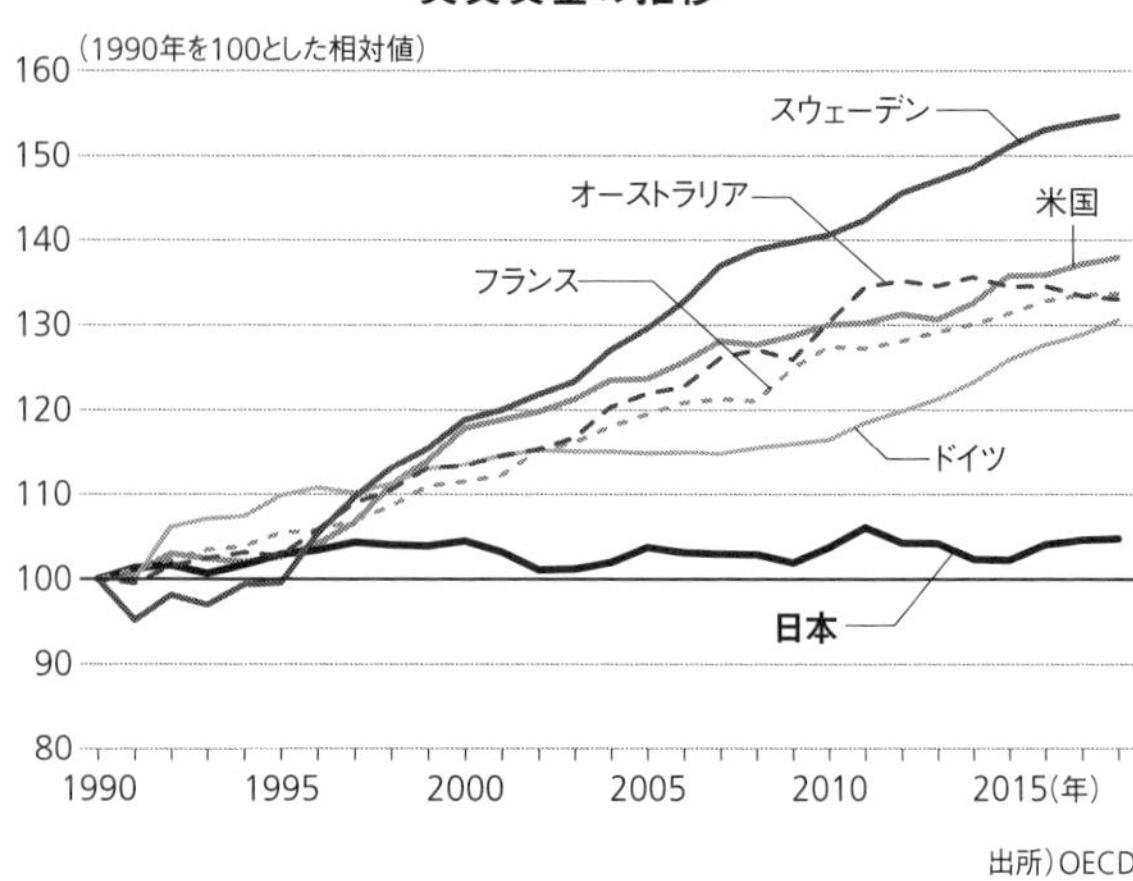

労働者が本当のところどれだけ豊かになったのかについて知ることができるわけです。

グラフを見れば一目瞭然ですが、日本人の賃金は過去30年間ほとんど上昇していません。

一方、日本以外の先進諸外国は同じ期間で賃金が1・3倍から1・5倍に増えています。繰り返しになりますが、これは実質賃金なので、物価も加味された数字です。賃金が高い代わりに物価も高いので暮らしにくいということではありません。

もう少し分かりやすく、名目上の賃金で比較してみましょう。同じ期間で米国は賃金が2・4倍になっていますが、消費者物価は1・9倍にとどまっています。スウェーデンは賃金が2・7倍となりましたが、物価は

1・7倍にとどまっています。一方、日本の賃金は横ばいですが、物価は1・1倍とむしろ上昇しています。

日本以外の国は、いずれも賃金の伸びよりも物価上昇率の方が低いことが分かります。各国は物価も上がっているのですが、それ以上に賃金が上がっているので、労働者の可処分所得は増えています。一方、日本は同じ期間で、物価が少し上がったものの、賃金は横ばいなので逆に生活が苦しくなりました。

一連の数字から、リアルな生活水準として、諸外国の労働者は過去30年で、日本人の1・3倍から1・5倍豊かになったと見て差し支えないでしょう。

日本の国力が大幅に低下し、国際的な競争力を失っており、その結果が賃金にも反映されているのです。

日本の貧困化に注目する海外メディア

社会問題として認識されがちな貧困の問題も実は、すべて経済力の低下で説明することができます。

日本の相対的貧困率は15・7%とかなり高い水準となっており、OECDの調査によると対象となった38カ国中、下から11番目という状況でした。日本の近辺にはチリやメキシコといった国名が並んでおり、主要先進国で日本と同水準の貧困率なのは、苛烈な弱肉強食社会である米国くらいです。デンマークやフィンランド、フランスなどトップクラスの国は軒並み5％から6％の水準となっており、日本の半分以下です。

貧困率というのは、どのような福祉政策を行うのかによって大きく変わってきますが、日本における最大の問題点は、不可抗力的に貧困者が増えていることです。

米国は数字で示した通り、日本と同じくらい貧困率が高いのですが、これは米国人の特殊な国民性に由来している部分が大きいと考えられます。

米国は社会保障制度が充実していないというイメージがありますが、実はそうではありません。米国には低所得者向けの医療保険であるメディケイド、食料配給券制度（フードスタンプ）、子育て世帯向けの粉ミルク・食品支援策（ＷＩＣ）、賃貸住宅補助制度、給食の無料券など、数多くの低所得者向け支援制度があり、比較方法にもよりますが、人口１人あたりの福祉予算規模は日本を大きく上回っています。

しかしながら米国の場合、制度を積極的に活用しないと支援は受けられない仕組みになっており、行政側が手取り足取り、貧困に陥った人を世話するわけではありません。制度を自ら調べ、それを活用する意思がある人には、十分なケアをするという考え方ですから、まったく福祉が受けられない人が存在する一方で、日本よりもはるかに高い水準の福祉を受けている人もいるというのが現実です。

日本は米国のような徹底した個人主義、自助努力の国なのかというとそうではありません。そもそも企業に対して事実上の終身雇用を義務付けていることを考えると、相互に助け合う方が望ましいというのが日本人の基本的な価値観ではないかと思います。

ところが現実には、日本では深刻な貧困問題が発生しています。

日本における貧困の最大の問題点は、仕事があっても貧困に陥る人（いわゆるワーキングプア）が極めて多いという点です。

通常、諸外国で貧困に陥る人の大半は仕事を失っているか、意図的に仕事に従事していない人です。ところが日本の場合、仕事に就いていながら貧困に陥る人が数多く存在しており、これは他国では見られない現象です。

日本には最低賃金の制度があり、最低賃金の金額は生活保護との整合性をある程度、考慮に入れて設定されています。したがって、まじめに働いているにもかかわらず、貧困線を大幅に下回ることは原則としてあり得ないはずです。

ところが日本では仕事に就いているにもかかわらず、貧困に陥る人が多く、特にシングルマザーの場合には、仕事がある人とない人の貧困率に大差がないという驚くべき調査結果もあります。

これは、日本では労働法制が守られておらず、賃金の未払いや、実質的に最低賃金を下回る賃金しか支払っていない企業が少なからず存在していることを示唆しています。しかしながら、いくら悪徳企業が多いといっても、経営者が皆、犯罪者というわけではありません。違法行為を行う経営者を擁護するつもりは毛頭ありませんし、取り締まりについても徹底する必要がありますが、こうした状況に陥っているのは、日本の国力が大幅に低下しており、経済全体が貧しくなっていることと無関係ではないのです。

働いているにもかかわらず貧困に陥ってしまうという奇妙な状況については、諸外国も注目しており、米大手メディアのブルームバーグは昨年、日本を引き合いに「貧困は個人の責任ではない」とする記事を配信し大きな話題となっています。

同社の記事によると、日本の貧困者の多くは、犯罪者でも、麻薬に手を染めているわけでもなく、まじめに働いていると分析。それでも貧困に陥っているのは社会制度の問題であると結論付けています。ネットでは「とうとう日本もこうしたケースで取り上げられる国になってしまったか」という嘆きの声が飛び交っていました。

確かに日本の福祉に課題があるのは事実ですが、社会制度に問題があるというブルームバーグの指摘はむしろオブラートに包んだ表現といってよいでしょう。

日本は経済の貧困化が進み、違法な労働も横行するような状況まで追い込まれているというのが現実です。結局のところ、経済が豊かにならなければ、財源の確保もままなりませんから、すべては経済の豊かさの問題に行き着くのです。

第3章 なぜここまで安くなってしまったのか

「日本株式会社」は20年働いて昇給ゼロ

第1章と第2章では、日本が諸外国から見て、貧しく「安い国」になっているという現実についてお話ししました。ではなぜ日本はここまで安い国になってしまったのでしょうか。結論から先に言ってしまうと、身も蓋もないのですが、日本企業の競争力が下がり、経済成長できていないことが最大の原因です。

過去20年間、日本の名目GDP（自国通貨ベース）はほぼ横ばいで推移してきました。ところが、同じ期間における諸外国のGDP推移を見ると、米国は2・3倍、ドイツは1・7倍、フランスも1・7倍、中国は10・4倍に拡大させています。1人あたりのGDPについても、ほぼ横ばいの日本に対して、米国は1・9倍、ドイツは1・7倍、フランスは1・6倍、中国にいたっては9・3倍にもなりました。

高度成長している中国は例外として、先進諸外国は総じてGDPが1・7倍から2倍程度に拡大しており、物価も1・5倍程度に上がっています。1人あたりのGDPはその国の平均賃金に近いと考えてよいので、諸外国に住む人の購買力は日本の1・6倍から2倍になったと判断してよいでしょう。

この話は同じ会社内における昇給の違いであると考えるとより分かりやすいでしょう。世界全体をひとつの会社と考えると、過去20年間で日本の1人あたりのGDPが横ばいということは、20年前からまったく給料が上がっていないということを意味しています。一方、諸外国における1人あたりのGDPが1・6倍から2倍になったということは、最初は同じ年収だった同僚の年収が20年後には2倍になったことと同じです。

例えばですが、20年前に同じ400万円の年収だった、「日本君」と「アメリカ君」と「ドイツ君」がいたとしましょう。アメリカ君は20年後には年収が800万円になっており、ドイツ君も640万円になっています。ところが日本君だけはまったく昇給せずずっと400万円のままです。

もっとも米国では物価も1・5倍に上がっていますから、アメリカ君の支出もその分だけ増えました。しかし、それ以上に年収の上がり方が大きいですから、アメリカ君の生活水準は大きく向上したことになります。一方、日本君は年収も横ばいですが、物価もほぼ横ばいなので、日本君の生活水準はあまり変化していません。

確かにこの部分だけをとってもアメリカ君と日本君には差が付いていますが、日本君が鎖国された日本に住んでいるのであれば、それほど大きな問題は発生しません。ところが現実には、日本を含む各国は世界と貿易することで経済を成り立たせており、輸入品なくして今の生活を維持することはできません。

輸入品の価格が国内要因で決まることはほとんどありませんから、諸外国の経済が拡大し、その分だけ物価が上昇した場合には、輸入価格も同じく上昇することになります。

つまり日本君だけが昇給から取り残され、物価は輸入品の影響を受けてじわじわ上昇しているため、生活水準が年々下がっているというのが現状です。

「戦後最長の経済成長」のウソ

日本では不景気とデフレが長く続いてしまった結果、物価や景気に対する誤った理解が広がっているように見えます。その最たるものが、景気に対する基本認識でしょう。

前述のように日本経済は過去20年間ほとんど成長できていません。

しかし政府は、２０１２年12月から景気拡大が続いており、これは戦後最長の景気拡大であると喧伝しています。一部のメディアはこうした政府の方針を受け「戦後最長の景気」「日本経済は力強く成長している」といった報道を繰り返してきました。

しかしながら、今の私たちの生活実感からすると、到底、日本経済が力強く成長していると認識することはできなかったはずです。なぜ景気に対する肌感覚と政府の説明に大きな乖離が生じているのでしょうか。その理由を探るためには、「景気がよい」ということの定義について知っておく必要がありそうです。

内閣府では毎月、景気の状況を示す景気動向指数を取りまとめており、基本的な景況感はその指数を使って判断されます。

景気動向指数は様々な経済指標のデータを組み合わせて算出されるのですが、景気に先行する指数と、ほぼ一致して動く指数、景気に遅れて動く遅行指数の3種類が用意されています。一般的な景気動向の分析には、これらのうち景気に一致する指数（一致指数）が用いられており、一時的な要因に左右されないよう3カ月移動平均や7カ月移動平均の数値をもとに基調判断が行われます。

景気動向指数を使った基調判断には定量的な基準が定められており、例えば「7カ月後方移動平均がマイナスになる」といったいくつかの条件を満たすと「足踏みを示している」から「下方への局面変化を示している」といった具合に記述が変更されます。

ここで重要なのは、数値がプラスかマイナスかという部分で景気の拡大・縮小が判断されるという点です。

数値が前年同月比でプラスになれば、景気は拡大していると判断されますし、逆にマイナスになれば景気は後退しているという話になるわけですが、プラスとマイナスの幅は関係しません。ごくわずかな数値であっても、前年比でプラスになっていれば、景気は拡大していると認識されるのです。

この定義でいけば、景気がほぼ横ばいだったとしても、ごくわずかプラスになっていれば、景気拡大が続いているという解釈になります。

先ほどのアメリカ君と日本君の比較からも分かるように、諸外国の経済が1・5倍から2倍に拡大している時に、日本がごくわずかしか成長できなければ、それは実質的にマイナス成長と同じことになります。景気動向指数の基調判断はあくまで前年比のプラスマイナスを機械的に判定するだけですから、諸外国との比較は考慮されません。

しかも困ったことに、政府の最終的な景気判断というのは、景気動向指数によって機械的に判定されるわけではなく、景気判断に関与する人の考え方に大きく影響されるというのが現実です。

政府の公式な景気判断は月例経済報告に示されるのですが、この見解は複数の情報を総合的に考慮した上で内閣府が決定します。あくまで総合的な判断ですから、機械的なものではなく、この部分に恣意性が入る余地があることは否定できません。

景気判断は、このような形で、ある程度、柔軟に行われてきたのですが、今までの時代には、それなりに機能していました。

かつての日本には、客観的なデータに基づいた判断を恣意的に歪（ゆが）めることはあってはならないという共通認識があり、現状と大きく乖離した景気判断が行われることはほとんどなかったのです。ところがここ数年はこうした価値観が薄れており、その時々にとって都合がよい判断をする傾向が強くなっているという印象が否めません。

率ではなく期間だけが分析対象となっており、しかも最終的な判断が人の手に委ねられていることが、生活実感と政府の説明に乖離が生じる最大の理由ですが、これに加えて、データを扱う「人」の問題も無視できなくなっているのです。

生活実感は常に正しい

いくら政府が数字のレトリックを使って上手に説明したところで、実際に経済が成長しなければ生活がよくなるわけではありません。日本人が生活実感として豊かさを感じるためには、先進諸外国と同水準かそれ以上の経済成長を実現する必要がありますが、諸外国には追いついていないのが実状です。

アベノミクスがスタートした2013年から2018年にかけての実質成長率の単純平均は約1・3%ですが、これに対してドイツは1・8%、米国は2・3%もあります。また、国民の平均年収に近い1人あたりのGDP（国内総生産）についても、日本は442万円ですが、ドイツは540万円、米国は690万円もあります。これだけ年収差があると、現時点において、日本人が豊かさを感じられないのは当然の結果と考えてよいでしょう。

時折、「経済は良好なのだが、それが生活実感に結びついていないだけ」という指摘を耳にすることがありますが、長期的に見た場合、そのようなことはほとんどないと思って差し支えありません。

GDPを中心とした各種経済指標に様々な課題があるのは事実ですが、結局のところGDP以上に国民生活の豊かさを的確に表す指標は存在していません。タイムラグが生じる可能性はありますが、最終的にはGDPなどの各種指標が悪化すれば、生活水準も低下しますし、国民の満足度も下がっていきます。生活実感がよくないのは、純粋に経済がよくないからであって、何かのトリックが存在するわけではありません。

私たち国民が豊かさを実感できるかどうかは、1人あたりのGDPなど各種指標の絶対値が大きいことが重要ですが、それだけではありません。毎年、どの程度、経済が拡大しているのかという「伸び率」が極めて大きな影響を及ぼします。

年収700万円の人と400万円の人を比較すると、当然ですが、年収700万円の人の方が豊かな生活を送ることができます。しかしながら、年収700万円の人の仕事が行き詰まっており、給料が上がっていないという場合には話は変わってきます。仮に年収が300万円であっても、毎年昇給を実現している人は精神的にポジティブになりやすく、消費も活発になる傾向が顕著です。

これは個人の話ですが、国全体でも同じことがいえます。

中国はGDP全体ではとっくの昔に日本を追い越し、世界第2位の経済大国となっています。しかしながら、1人あたりのGDPということになると、日本の4分の1しかなく、それほど豊かとはいえない状況です。

中国にはすでに1億人の富裕層が存在していますが、彼等の多くは米国や欧州に旅行に行くので、あまり日本にはやってきません。日本にやってくる外国人観光客の大半は中国人ですが、彼等は決して富裕層ではなく、いわゆる中間層ということになります。

しかしながら彼等の消費は私たち日本人から見ると驚くべき水準であり、観光業界ではこうした中国人による旺盛な消費がなければビジネスが成立しないという状況になっています。新型コロナウイルスの感染拡大で中国人観光客が激減したことで、一部の地域は壊滅的な打撃を受けましたが、中国の庶民が行う消費が、日本に対してこれだけの影響を与えているというのは驚くべき事実といってよいでしょう。

所得がそれほど高いわけではないのに、彼等が猛烈に消費できるのは、自身の年収が毎年アップしており、将来に対する期待値が高いからです。つまり人間というのは、今、いくら稼いでいるのかということに加え、来年、どうなるのかという期待値で消費を決めていることがよく分かります。

中国は現在、米中貿易戦争や新型コロナの影響で景気が低迷しており、かつて8%あった成長率は6%台に下落し、来年はさらに落ち込む可能性も高まっています。確かに大きなインパクトではありますが、景気が悪くなったという現時点においても6%の成長があるのです。成長率が低く推移している日本から見れば、中国経済は今でも驚異的な成長率と考えることができるでしょう。

東南アジアの消費はいまや日本と同等

これは中国以外のアジア各国も同様です。

近年、アジア諸国の中でもカンボジアの経済成長が特に著しいのですが、カンボジアといえばつい最近まで内戦に明け暮れていた地域であり、今でもフン・セン首相による独裁体制が続いています。しかしフン・セン政権は、経済に対してはオープンで、市場メカニズムを重視した政策を導入しています。これによってカンボジア経済は順調に拡大しており、リーマンショック以降、平均7％台の成長を続けてきました。

もっとも、1人あたりのGDPを見ると、7年で約2倍に増えたものの、金額の絶対値は1500ドルですから、これだけ見るとかなり貧しい国という印象を受けます。

実際、カンボジアの町並みはかなり汚く、いわゆる発展途上国の雰囲気ですが、街中にはすさまじい勢いでオシャレなカフェが出店しており、スマホを片手に多くの若者が談笑しています。日本からはスーパー大手のイオンが進出しており、首都プノンペンには巨大なイオンモールがあるのですが、休日ともなるとショッピングに出かける人でごったがえしています。

こうしたオシャレなカフェで提供されているコーヒーの値段は日本とほとんど同じです

し、イオンモールに入っているレストランの値段も、下手をすると日本より高いくらいかもしれません。

国民の平均的な年収が15万円しかない国であるにもかかわらず、500円のコーヒーや1000円のランチが飛ぶように売れているのは、高い成長によって将来に対する期待感が大きいからです。

先ほど説明したように、カンボジアは独裁政権ですから、一部の特権階級がかなりの富を独占している可能性は高いと考えられます。しかしながら、新興国にとって高い買い物とはいえ、イオンのような店舗というのは、基本的に中間層が行くところですから、中間層の所得が伸びていない国にはイオンのような会社は決して進出しません。

中間層の所得が伸びている国というのは、仮に国民の平均所得が低い状態でも、びっくりするような消費をするという現実をイオンのような会社はよく知っているのです。

なぜイオンがこのメカニズムを知っているのかというと、かつての日本がまさにそうだったからです。

1960年代の後半には、初の建設国債発行が行われ、これによる公共事業の拡大をきっかけに日本経済は「いざなぎ景気」に突入。トヨタは日本の国民車ともいうべきカローラを投入し、国内ではマイカーブームが発生しました。

初代カローラの販売価格は約50万円でしたが、1966年当時の日本における1人あたりのGDPはわずか40万円しかありません。当時のカローラは国民の平均年収よりも高い値段だったわけですが、これが飛ぶように売れて、わずか3年で100万台を売り切りました。

2018年における日本の1人あたりのGDPは442万円ですから、今の感覚ではごく普通の消費者が550万円のクルマをポンと買っていたということになります。当然、販売の多くは割賦方式で、今で言えば自動車ローンでの購入ですが、経済が成長している時は、多少、無理な支出でも国民はあまり気にしないのです。

これはあくまで高い成長が実現していた時代ならではの話ですが、成長率が高ければ仮に現時点での所得が低くても消費を拡大するというのは、今の時代でもまったく変わりません。米国が日本と比べて圧倒的に消費が活発なのは、所得の絶対値が高いことに加えて、成長率が高く、これが消費者のマインドを前向きにしているからです。

日本では米国人の消費行動を借金体質であると指摘する声があり、一部の日本人は米国人について不健全な消費をする人たちというイメージを持っています。確かに過度な借り入れは弊害をもたらしますが、経済が伸びている状態であれば、一定レベルの借金も許容されますし、逆に所得水準以上に消費するというマインドがあってこそ経済が伸びるという側面もあります。

したがって、借金をしてでも消費するという行動は、一概に悪いことであるとは断定できません。むしろ日本の場合には、消費が増えないので、マインドも前向きにならず、それが消費の低迷に拍車をかけるという悪循環になっています。

消費増税→景気後退は日本だけ

こうした日本の消費マインドの低下は、かなり深刻な状況です。なぜなら諸外国では見られない現象が日本の消費市場では散見されるようになっているからです。

日本では消費増税が経済成長を阻害しているという話が、ごく当たり前のように議論されており、経済の専門家の中にも、そうした説明をする人がいます。筆者は政府の増税方針について積極的に支持する立場ではありませんが、消費増税が経済成長を阻害するというのは、経済学的に見た場合、正しい認識とはいえません。

消費増税などで政府が増税を行った場合、政府は国民からお金を徴収することになりますが、徴収したお金は政府支出という形で最終的には国民の所得となります。したがって、増税を実施したことで国民の所得が減るということはあり得ませんから、原則として消費増税が経済成長を阻害するということにはならないのです。

消費税は日本以外の先進諸外国ではかなり以前から実施されていますが、消費税の導入や税率の引き上げによって、経済成長が阻害されたというケースは見当たりません。日本で初めて消費税が導入されたのは1989年ですが、当時はバブル期ということもあり、消費増税の景気への影響はほぼゼロという状況でした。消費税が3％から5％に増税された1997年には増税後に景気が腰折れしましたが、これはアジア通貨危機など外部要因が大きく、すべてが消費税の影響とはいえない部分があります。

基本的には消費税は景気に大きな影響を与えないものですが、実はこの話が成立するためには「経済の状態が健全であれば」という条件がつきます。経済の基礎体力が非常に弱い状況で増税を実施すると、消費が冷え込むという作用をもたらすことがあり、これが景気低迷の原因になる可能性は十分に考えられます。

2014年に行われた8％への増税はまさにこのケースに該当するといってよく、2019年10月の10％への増税も消費への深刻な影響が懸念されています。しかしながら、これはかなり特殊な状況がもたらす現象であって、本質的な話ではありません。増税がなければ成長できるという話に飛躍させてしまうと、それはもはや空論ということにもなりかねないでしょう。

増税による消費への影響がかなり特殊で深刻であるというのは、駆け込み需要の発生からも見て取ることができます。

近年は消費税が増税されるたびに、その前の駆け込み需要が発生し、増税後、反動減が発生するというのが当たり前になっています。2019年10月に実施された10％への増税の際には、前月の9月に小売販売額が前年同月比9・2％ものプラスとなりましたが、10月には7％のマイナスに落ち込んでいます。

2014年4月に実施された8％への増税では、前月に11％の伸び率となり、実施当月は4・3％のマイナスになっています。さらに遡って、1997年4月の5％への増税の時には、前月が12・4％、当月はマイナス3・8％でした。

ところが初めて消費税が導入された1989年4月の統計を見ると、前月は11・8％の増加ですが、当月も3％増加しており、多少の落ち込みは見られますがマイナスにはなっていません。

諸外国でも増税時には駆け込み需要が見られるケースもありますが、日本のような大騒ぎにはならないのが普通です。消費税を初めて導入した1989年がそうだったように、経済の基礎体力が強ければ、駆け込み需要や反動減という現象は最小限に抑制されるのです。激しい駆け込み需要の発生というのは、日本経済が想像以上にダメージを受けていることの裏返しと考えるべきでしょう。

昭和モデルから脱却できない日本企業

物価や景気に対する誤った理解という点では、「デフレは諸悪の根源」「デフレ脱却しか日本経済復活の道はない」というスローガンも似たようなものでしょう。

不景気とデフレというのは、ニワトリとタマゴの関係ですから、デフレになるとさらに物価が下がってモノが売れなくなり、これがさらに景気を低迷させるという作用をもたらします。したがって、デフレは諸悪の根源であるという主張は完全な誤りではありませんが、正しい認識とまでは言えません。

デフレというのは、物価が下がり、逆に貨幣の価値が上がる現象のことを指しています。物価がどのようなメカニズムで決定されるのかについては次章で詳しく解説しますが、景気が悪い時には物価は下がりやすいですから、不景気とデフレはたいていの場合、セットになっています。したがって、不景気を脱却できれば、デフレからインフレにシフトするだろうという予想が成り立ちます。

しかしながら、デフレから脱却したところで、必ず経済が成長するとは限りません。経済が成長しないまま物価だけが上がるというケースも十分に考えられますから、デフレを脱却することが、そのまま景気の拡大にはつながらないのです。

物価動向はともかく、まずは経済を回復させることが重要であって、物価上昇はその結果として得られるものです。したがって、デフレさえ克服すれば何とかなるというのは、因果関係が逆と考えるべきでしょう。

もっとも、量的緩和策というのは、あえて大量のマネーを供給し、市中にインフレ期待を発生させようという政策です。インフレが発生する、つまり物価が上がると多くの人が予想した場合、株価や不動産価格が上昇し、資産効果から消費が増える可能性が高まります。また物価が上昇すると、名目金利から物価上昇率を差し引いた実質金利が低下するので、これが企業の設備投資を拡大させるという作用も期待できます。

ケインズ経済学の分野では、貨幣の供給量が大きく変わらなかった場合、物価が需要や供給に影響を及ぼすメカニズムが説明されていますし、実際、インフレを誘発することが景気拡大のきっかけになる場合もあります。

しかしながら、根源的な話としては、経済の動きが物価を決定するのであって、物価が経済を動かすことはないと考えた方がよいでしょう。

では、なぜデフレさえ克服すれば、経済が復活するという少々、短絡的な話が拡散する結果となったのでしょうか。筆者は、長年の景気の低迷がもたらした一種の心理的作用ではないかと考えています。

日本経済はバブル崩壊以降、30年にわたって、景気回復のきっかけをつかめないまま推移してきました。

こうした状況に対して日本政府は、公共事業を拡大するというケインズ的な財政政策を実施しました。１９９０年代には10兆円規模の公共事業が何度も行われましたが、目立った成果を上げることができず、膨大な政府債務を残す結果となりました。財政出動に特に積極的だった小渕政権の成立以後、国債の発行額が急増し、２５０兆円程度だった国債発行残高は約20年で９００兆円に迫る水準まで拡大しています。

巨額の公共事業を実施しても効果が得られないのは、日本経済の仕組みそのものが制度疲労を起こしており、従来の公共事業では十分な乗数効果が得られなかったことが原因であるとの声が大きくなってきました。

こうした状況を受けて登場してきたのが、小泉政権が掲げた構造改革路線です。これは大胆な規制緩和を実施することで、日本経済の根本的な仕組みを改革し、自律的に経済を成長させようという試みです。この手法は1980年代に米国のレーガン政権が導入したもので、企業の競争力を強化して生産力を高めるという観点から、サプライサイド（供給サイド）の経済政策と呼ばれます。

しかしながら、一連の構造改革には相当の痛みが伴います。このため国民の一部から猛反発を受け、改革は思うように進みませんでした。その結果、中途半端に規制緩和を実施する形となり、大量の非正規社員を生み出すなど、弊害ばかりが目立つ形でこの政策も頓挫してしまったのです。

その後誕生した民主党政権は、「コンクリートから人へ」というスローガンを掲げ、公共事業からの脱却を試みましたが、それ以外には目立った経済政策を立案できず、再び自民党に政権の座を譲っています。

その後、登場したアベノミクスでは、金融政策の一種である量的緩和策が中核的な政策として掲げられましたが、これは、ケインズ的な財政政策もサプライサイド的な構造改革もうまくいかなかったという流れで出てきた政策であり、実質的にそれしか選択肢がないという状況でした。

このため、政権側にも国民の側にも、何とか量的緩和策によって日本経済が復活してほしいという願望が生まれ、それが「デフレ脱却しか道はない」といった極端な価値観につながっていったものと思われます。

しかしながら、日本経済が低迷から脱却できない最大の理由は、日本企業のビジネスモデルが薄利多売をベースにした昭和型の形態から脱却できておらず、競争力が低いままで推移していることですから、これは経済政策だけでどうにかなるものではありません。

実は量的緩和策を実施する直前にも、企業の経営体質を変えないまま量的緩和策を実施しても、これまでの経済政策と同様、十分な効果を上げない可能性が高いという指摘は一部から出ていましたが、「これしかない」といった感情的で声高な主張にかき消され、顧みられることはありませんでした。

今すぐ捨てるべき「日本は大国」幻想

一連の事例からも分かるように、長期にわたる景気低迷は、人々のマインドに悪い影響を与え、これがさらに社会の雰囲気を悪くし、問題解決を遅らせています。筆者は、近年、何かと問題になっているネット上での誹謗(ひぼう)中傷といった出来事についても、経済の悪化が関係しているのではないかと考えています。

筆者はこれまで何度も、メディアに寄稿した記事やインタビューなどで「日本経済は基本的に成長できておらず、諸外国の物価上昇を考慮すると、実質的にマイナス成長に近い」と説明してきました。これは事実なので、状況を改善するためには、この事実をしっかりと受け止め、対応策を考えなければなりません。

しかしながら、これまでの日本社会の反応はむしろ逆でした。

最近はだいぶ落ち着いてきたのですが、残念なことに、こうした主張を行うと、一部の読者や視聴者から「反日」「国賊」など聞くに堪えない誹謗中傷を受けるというのが日常でした。

こうした過激な言動を行う人たちは全体のごく一部ではありますが、それでも束になれば相当なインパクトとなります。筆者自身は慣れましたのでどうということはありませんが、それでも、過激な誹謗中傷がコメント欄に何百と並ぶのを見ると、この国は本当に大丈夫だろうか、と半ば絶望的な気分になってしまいます。

一方で、こうした現実を無視し、日本について無条件に「スゴい」と持ち上げる論調の言論に対しては多くの支持やＰＶ（ページビュー）が集まります。新聞やテレビ、雑誌など各種媒体はボランティアで運営しているわけではなく、あくまで営利事業ですから、仮に事実と異なる内容であっても、人気の取れる記事を優先する結果になりがちです。

筆者は独立した立場で言論活動を行っていますから、仮に事実に基づいた主張によって批判を浴びても、持論を撤回するつもりは毛頭ありませんし、その覚悟もできています。しかしながらマスメディアの仕事に従事している人の多くは一般的なサラリーマンですから、これだけの誹謗中傷を受けてしまうと、たいていの人は精神的な負担に耐えられません。結果的に不都合な真実について言及する記事は少なくなってしまうのです。

こうした誹謗中傷を行う人たちは、日本は常に豊かで美しく、そして力強く成長しているのだと説明しないと納得しないようなのですが、これは一種の自己防衛反応からくる幻想であると分析することができます。

それなりの規模を持つ国家が、30年近くにわたって景気の低迷から脱却できないというのは現代社会ではかなりの異常事態であり、その意味では、日本経済は他国が経験したことがない苦境に陥っていると解釈することも可能です。これだけ厳しい環境に長年、据え置かれてしまうと、一部の人の気持ちが激しく荒んでしまうのも無理はないでしょう。経済を豊かにするということは、お金の問題だけではないということがこの事例からもよく理解できると思います。

「成長しなくてもよい」は成立しない

経済がマインドにもたらすマイナスの影響というものを考えると、一部で台頭している「無理に経済成長しなくてもよい」という議論についてもよい傾向とは言えなくなります。

このところ、低成長が長引いていることから、無理に成長する必要はないという主張も時折耳にします。確かに常に成長を強いられる社会はプレッシャーが大きく、のんびりしたいという気持ちになるのはよく分かります。しかしながら、世界を見渡すと、まだまだ貧しく、何としても豊かになりたいと考えている国の方が圧倒的に多く、経済成長に対するニーズは尽きることがありません。

本書のテーマは、日本は知らない間に安い国になってしまったというものですが、これはアジアを中心に、貧しかった新興国が驚異的なペースで経済成長したことの裏返しです。アジアでは多くの国が経済成長を実現し、豊かになりましたが、アフリカなどでは、まだ貧困にあえぐ国が多く、彼等は何としても経済成長を実現して豊かで健康的な生活を送りたいと考えているのです。

　私たちにはこうした新興国の人たちの強い願望を否定することはできませんし、成長に対する大きな欲求が存在している以上、世界経済は成長を続けることになるでしょう。このような状況で、ひとつの国だけが成長を止めてしまうことは、そのまま貧困化につながってしまいます。

　多くの問題点を抱えてはいますが、日本には国民皆保険制度があり、病気になった時には、原則３割の自己負担で病院にかかることができます。また、がんなどの重篤な病気の場合には、高額療養費制度によってほぼ全額が補助されますから、ほとんど負担なしで病気を治療することができます。

　しかしながら、こうした医療活動には莫大（ばくだい）な費用がかかっており、この制度を維持できるのは、高い経済力があってこそなのです。

　がんなどの重篤な病気にかかってしまった場合、治療費が総額で１０００万円を超えることは珍しくありませんが、日本の場合、その金額を患者が負担する必要はありません。しかしながら、社会全体の中で何らかの形でこうした金額を捻出できる余力がなければ、国民皆保険制度は維持できないのです。

病気になった時に満足に病院にかかれない人が抱える絶望感は想像を絶するものがあります。新型コロナの感染拡大では、国によって死亡率が大きく違っていますが、これはとりもなおさず医療体制の違いに起因しています。非常に言いにくいことなのですが、成長を放棄した国の国民には大きな苦しみが待っているのが現実です。もう少しラクに暮らしたいという気持ちはよく分かりますが、成長を捨てることには大きなリスクを伴うという現実について、もっと理解しておくべきでしょう。

ここ数年、米国では、40歳前後という早期のリタイアを目指す「ＦＩＲＥ（Financial Independence, Retire Early）」と呼ばれる運動が若年層の間でブームとなっています。過度な競争を避け、コンパクトで持続可能な生活を目指すという趣旨であり、一見すると成長を否定するように思えます。しかしながら、このムーブメントにも、実は経済成長のメカニズムが深く関係しています。

米国は世界でもっともビジネスがしやすい国ですが、一方で、激しい競争社会であり、常に成果を上げることが求められます。ミレニアル世代を中心に、一部の若者はこうした環境に嫌悪感を持っており、早い段階でリタイアし、その後はスローライフを送りたいと考え始めており、こうした動きが今のＦＩＲＥ運動につながっています。

しかしながら、今回の運動が、かつてのヒッピー・ムーブメントのように反文明主義的、反体制的なのかというと少し違うようです。

ＦＩＲＥ運動の中核となっているのは、金融業界やＩＴ業界に勤める高学歴、高収入のホワイトカラー層の若者であり、一般的に見れば、彼等は競争社会における成功者ということになります。彼等はある種の成功者であるがゆえに、徹底的に合理化された現代の社会システムを知り尽くしており、その一連のシステムに関する呪縛から抜け出す方法を模索しているのです。

彼等が目指すリタイアの方向性は極めてシンプルです。

生活を極限まで切り詰め、収入の多くを貯蓄もしくは投資に回すことで、10年から15年程度の期間でまとまった資産を作ることを目標としています。一定の資産があり、引き続きコンパクトな生活を持続できれば、安定運用による収入だけで暮らしていけるという算段です。

年収1500万円の人が、生活を極限までコンパクトにすれば、年間数百万円の金額を貯蓄することは理屈上、不可能ではありません。米国では株式投資が盛んなので、毎年、その資金を投資に振り向けることで、平均すると数％以上の利回りで資産を増やすことができます。15年程度の時間をかければ、1億円ほどの資産を保有するのも不可能ではないでしょう。

1億円の資産があれば、債券など安全資産に投資することで年間300万円程度の不労所得が得られます。これだけでは十分とはいえませんが、スキルのある人たちなので、この300万円をベースに、自分が受けたい仕事だけを受けるようにすれば、過大なストレスなく年収600万円程度を確保し、ギリギリの生活を維持することができます。

彼等は現代資本主義社会のシステムをよく理解しつつ、正面からそこにぶつかるのではなく、うまく活用する方向で人生を構築しようとしているわけです。

つまり今の時代においては、スローライフを送ろうと画策している人たちですら、市場メカニズムというものを無視できなくなっているのです。この現実はよく理解しておいてください。

第4章 モノの値段はどう決まるのか

モノの値段は景気のバロメーター

景気がよくなるとモノの値段が上がるというのは、多くの人が実感していることだと思います。実際、景気がよい時にはモノの値段は上がりやすく、逆に不景気の時にはモノの値段は下落することが多くなります。

しかしながら、モノの値段がどのように決まるのかという厳密なメカニズムは実はよく分かっていません。意外に思われるかもしれませんが、経済学の分野でも、物価というのはそれほど突き詰めて研究されているわけではなく、多分に経験則的な扱いになっているのが実状です。

一般的に、モノの値段を左右する要因は大きく分けて2つあると考えられています。ひとつは需要と供給の関係、もうひとつは市場に供給されるマネーの総量です。

経済というものは常に需要と供給のバランスによって成り立っています。何らかの理由で消費者の需要が増大し、それに合わせて生産が増えていくと、世の中の取引がより活発になり、結果的にGDPも増えていきます。継続的に需要が拡大し、それに伴って生産も拡大している状況を景気がよいと定義しているわけです。

もし継続的に需要が拡大している状況であれば、モノの値段が上がるメカニズムについては、ある程度、直感的に理解できるのではないかと思います。

商品を販売する小売店をモデルケースに考えてみましょう。

景気がよくなって店舗に並ぶ商品がたくさん売れるようになると、店主は商売に対して強気になってきます。

値段を上げても客足が落ちないと判断すれば、利益を最大化するため店主は値上げを決断する可能性が高くなります。仮にその店舗が価格を据え置いたとしても、その店舗に商品を納入している卸会社が値上げを決断してしまうと、店主はより高い価格で商品を仕入れなければなりません。そうなるとその店舗の利益が減ってしまいますから、やはり店主は値上げを決断することになるでしょう。

こうした動きが、あらゆるところで発生しますから、景気がよくなると、同時多発的に値上げが起こり、社会全体の物価は上昇していきます。同じようなメカニズムは、お金をやり取りする市場（つまり貨幣市場）でも発生します。

もし不景気で商品があまり売れなければ、今、店舗に陳列してある商品が売れて、顧客から代金を受け取った後に、次の商品を仕入れても大きな問題は発生しません。不景気なので、次の顧客がすぐにやってくる可能性は低いからです。

しかし、景気がよくなり、顧客が次々とやってきて商品を購入するということになると、そうはいかなくなります。商品が売れてから仕入れの注文を出しても、実際に商品が納入されるまでにはある程度の時間がかかります。その間、店舗には商品がなく、来店した顧客は商品を買うことができません。つまり、商品が売れてから仕入れていては、大きな機会損失が発生するわけです。

こうした損失を防ぐため、景気がよい時には、店主は多めに商品を仕入れておき、売り切れに備えようとするはずです。つまり景気がよい時には、あらかじめ多くの商品を確保しておく必要があり、来店した顧客からお金を受け取る前に、多くのお金が先に出て行ってしまうのです。

もし手元にお金がたくさんあれば、そのお金を仕入れに使うことになりますが、通常、事業者というのはそれほど多くの現金を余らせてはおきません。商店は、銀行からお金を借り、販売代金が支払われる前に、次の商品を仕入れることになるでしょう。多くの事業者がより多額の資金を必要とすることから、売買に必要な金額以上のお金が市場にないと、スムーズに経済が回らなくなってしまうのです。

モノやサービスと同様、貨幣にも市場があり、皆がお金を欲しがっているということは、貨幣に対する需要が拡大していると解釈できます。銀行には融資の申し込みが殺到しているわけですから、銀行は収益を最大化するため、金利を引き上げるに違いありません。金利と物価の関係は後ほど詳しく説明しますが、金利が上昇すると、それは物価上昇を誘発することになるので、ここでも物価を上げる力が働きます。

不景気になると物価は下落傾向に

この話は当然、逆も成り立ちます。

世の中の景気が悪化して商品が売れないと仮定しましょう。景気がよい時は欠品を防ぐため、店主は銀行に高い金利を払ってでも、先に商品を仕入れて準備します。しかし、商品の売れ行きが悪い時にこれをやってしまうと、場合によっては在庫の山を抱えてしまいます。商品は売らなければ利益になりませんから、商店が大量の在庫を抱えることは大きなリスク要因です。このような場合、店主は利益の額よりも、在庫を消化し、手元に現金を確保することを優先するでしょう。結果として商品は値引きされ、これがあらゆる段階で同時発生しますから、経済全体では価格が下落することになります。

このような状態を経済学ではデフレと呼びます。

事業者が値引きをすると、利益が減りますから、銀行に支払う利子の負担も重く感じてしまいます。結果として事業者は銀行からあまりお金を借りようとしませんから、銀行は融資が減らないよう金利を引き下げます。デフレになると低金利になるというのはこうしたメカニズムが原因です。

景気とモノの値段の関係は、ニワトリと卵のようなものであり、相互に作用します。どちらか一方が決まると、一意的に片方が決まるわけではありません。

第3章でも触れたように、日本では「デフレが諸悪の根源」であるとされ、デフレを脱却することがそのまま経済成長につながるといった話が広がっていましたが、これは正しい認識とはいえません。景気が低迷しており、その結果としてデフレが進んでいるのであって、先にデフレがあったわけではないからです。

アベノミクスに実感が伴わないワケ

モノの値段を決めるもうひとつの要因は、市場にどれだけのお金が流通しているかです。

現実にはあり得ないことですが、日銀がお金を大量に刷って、すべての預金者に対して、現在の預金額と同額のお金をプレゼントしたと仮定します。

お金をもらった人は、自身の銀行預金が倍になりますから、大喜びかもしれません。しかし、経済の状況に変化がないにもかかわらず、単純にお金が倍になったというだけでは、本当の意味でお金持ちになったと見なすことはできません。同じ量のモノに対してお金の価値は半分になったわけですから、その分だけ物価が上がり、最終的には物価は2倍になってしまいになる可能性が高いでしょう。

このケースは預金が2倍になるという、極端に単純化した話であり、消費者は経済水準に対して過剰な紙幣が流通しているのか直接的に知る手段はありません。しかし、市場に過剰な紙幣を流通させれば、それがどのタイミングなのかはともかくとして、貨幣が過剰であることを消費者は認識し、自然と物価が上昇する可能性は高いのです。

その理由は、先ほど説明した需給のメカニズムで説明できます。

市場に過剰な貨幣が存在する場合、銀行はより多くの資金を融資しないと資金を遊ばせてしまいますから、積極的に融資を行うようになるはずです。本来、資金が必要のない企業や個人にも「お金を借りてください」といった形でお金を貸すことになるでしょう。

そうなると企業や個人の手元には、必要以上のお金が貯まる結果となり、あまり堅実ではない一部の企業や個人はそのお金を積極的に使ってしまうと考えられます。そうなると、モノが売れるようになり、先ほどの需要と供給の関係から最終的には物価が上昇していくことになるのです。

この理屈は市場にどれだけの量の貨幣が流通しているかによって最終的な物価が決まるというメカニズムであり、経済学的には「貨幣数量説」と呼ばれています。

物価というものが、市場に流通する貨幣の総量で決まるのか、それとも、個別商品の需給関係によって全体の物価が決まるのかというのは、経済学の世界でも対立論争となってきました。

アベノミクスが実施した量的緩和策というのは、実は貨幣数量説がベースになっており、日銀が国債を積極的に買い入れることで、大量のマネーを市場に流通させるという仕組みです。市場に大量の貨幣が流通していると多くの人が認識しますから、個人や企業はインフレが進むのではないかと予想するようになります（期待インフレ）。インフレ期待が高まると実質金利（名目金利から物価上昇率を差し引いた金利）が低下するので、銀行の融資姿勢が積極的になり、設備投資が増えて景気が拡大するというメカニズムです。

現実には、企業の経営者が実質金利を認識しているとは思えませんが、簡単にいってしまえばインフレになると皆が思えば、株や不動産を買ったり、消費を増やすようになるので、景気がよくなるという話です。

残念なことにアベノミクスの中心的な政策であった量的緩和策は思ったほど効果を上げなかったことから、経済学の世界では、貨幣数量説をめぐって、今でも侃々諤々（かんかんがくがく）の議論が続いている状態です。

しかしながら、貨幣数量説をめぐる議論はあくまで学術的なものであり、消費者や企業にとってはあまり重要な問題ではありません。現実の経済では、物価というのは需給で決まることもあれば、貨幣の総量で決まることもあります。どちらか一方だけということはあり得ませんから、もっと柔軟に考える必要があります。

さらに大雑把な話をすれば、短期的にはモノの値段というのは需給で決まり、長期的には中央銀行が供給する貨幣の量で決まるというのが現代経済学における一般的な解釈です。つまり、長期的には貨幣数量説は成立するものの、短期的には何ともいえないというのが現実なのです。

数年という短い期間では必ずしも貨幣の大量供給が価格を上昇させるとは限りませんから、量的緩和策があまり効果を発揮しなかったのも、ある意味では致し方ありません。

量的緩和策が成果を上げられなかった最大の理由は、日銀が供給した大量のマネーが市場に出回らず、各銀行が日銀に開設している日銀当座預金の中に滞留するだけという状況が続いてきたからです。

金融業界では、お金が活用されていないという意味で、この状況を「ブタ積み」などと呼んでいますが、日本の景気が悪いのでお金を借りる人が少なく、銀行はお金をもてあましているのです。

先ほど、短期的に物価というのは需給で決まり、長期的には貨幣の量で決まるという話をしましたが、現時点では市場に出回っていないとはいえ、銀行の中に、過剰なマネーが眠っているのは事実です。何らかのきっかけでこのマネーが市場に出てきた場合には、日本でもインフレが進む可能性は十分にあると考えるべきでしょう。

しかしながら、今のところそうした現象は発生しておらず、需要不足からモノが売れず、これが物価を引き下げるという事態が続いているのです。

金利が分かれば経済が見える

先ほど、物価が上がる時には金利も上昇するという話をしました。

金利というのは物価のバロメーターであり、非常に重要な指標なのですが、少し抽象的な概念ということもあり、あまりピンと来ていない人が多いのではないかと思います。

しかしながら、モノの値段を考えるにあたって、金利の動きを無視することはできませんし、最終的には金利動向が経済に大きな影響を与えますから、金利について理解を深めておくことはとても重要です。

金利というのは、お金を誰かに貸した時に、借り手が負担しなければならないコスト、つまりお金のレンタル料のことを指しています。

借り手が1年後に返済するという約束で100円を借りた場合、借り手は1年後に100円だけを返せばよいというわけにはいきません。もし金利が3％であれば、借り手は貸し手に対して、1年後に3円を加えた103円を返済する必要があります。

元本の100円に利子の3円を加えて返済するというのは、レンタルショップなどでモノを借りた時と基本的に同じです。

例えばレンタルショップでDVDを1週間借りると、借りた商品を返すだけではダメで、300円程度のレンタル料を支払う必要があります。顧客は借りた商品を返却するだけでなく、追加でコストを支払っており、そうであればこそレンタル・ビジネスが成立しています。

お金の場合も同様で、返却の際、元本に加えて金利という追加コストを支払うことによって銀行は収益を得ています。ではここで、なぜレンタル料が発生するのか、もう少し踏み込んで考えてみましょう。

DVDをレンタルするとレンタル料が発生する理屈は感覚的にも理解しやすいと思います。DVDは使えば使うほど劣化していきますから、いつかそのDVDは使いものにならなくなってしまうでしょう。レンタル料を取らなければ、レンタルショップは新しいDVDを購入することができません。

しかしながら、レンタルショップにとっては、新しく購入するDVDのコストがカバーできればそれでよいというわけにはいきません。DVDを買い換えるコストに加えて、企業としての利益が確保できて、初めてビジネスとして成立します。そこには何らかの付加価値が存在しているわけですが、レンタルショップの付加価値とは何でしょうか。それは時間を提供したことへの対価と考えるのがよいでしょう。

どういうことかというと、DVDを借りた人は、本来、すぐに返す義務がありますが、レンタル料を支払うことで、1週間や10日といった一定期間、DVDを返却しなくてもよいという猶予を手に入れたと解釈できます。

つまり、コストを払った分の時間については、自由に使うことが許されているということになりますから、借り手にとっては時間を買ったことと同じになります。つまりレンタルショップはDVDを貸してビジネスをしているというよりも、実は、時間を提供してビジネスを行っているのです。

これは銀行にとってもまったく同じことが言えます。

ある人が3万円の利子を払って銀行から100万円を借りた場合、1年間は100万円を返さなくてもよいという猶予を得ています。ここで借り手が銀行に支払った3万円の利子は、100万円を1年間自由に使うための代金と見なすことができるでしょう。

銀行もレンタルショップと同様、顧客に時間を提供しているビジネスであり、利子というのは時間の代金でもあるわけですが、ここからが重要です。

銀行から100万円を借りた借り主は1年後に元本の100万円と利子の3万円を支払う必要がありますが、もし1年後に物価が2％上昇していたらどうなるでしょうか。物価が2％上昇したということは、今年100円で買えたモノが、来年は102円出さないと買えないということを意味しています。

銀行は1年後に元本の100万円と利子の3万円を受け取りますが、その時に物価が2％上がっていた場合には、物価上昇分の2万円をプラスして返済してもらわないと損失を抱えてしまいます。

もし、物価が来年2％上昇すると予想される場合には、銀行はさらに2％の利子を上乗せするよう顧客に要求するはずです。つまり金利の水準というのは将来の物価と密接に関係しているのです。もっと分かりやすく言えば、金利が高いほど、将来、物価が上がる可能性が高いと多くの人が予想していることを意味しています。

ここで先ほどのモノの値段が上下する仕組みのところに戻って考えてください。

景気がよく、モノがたくさん売れる時には、商品を大量に仕入れておかないと欠品が出るため、店主は銀行からお金を借りてでも、商品を揃えるという話をしました。こうした動きが全国各地で発生することから、マネーに対する需要が高まり、銀行は金利を引き上げるという経営判断を行います。店主は金利というコストをカバーするために、商品の値上げを決断しますから、社会全体の物価は上昇していきます。

これはマネーに対する需要の増加が価格上昇を引き起こすという流れですが、先ほどのレンタル料の話からも分かるように、金利が上がるということは将来の物価が上がるということでもあります。つまり、景気がよく、マネーに対する需要が高まったことから金利が上昇する話と、将来、物価が上がるという話は実はリンクしていることが分かります。

当然ですが、この話は逆も成り立ちます。

金利が低下しているということは、将来、物価が下がる、つまり景気が悪くなるということを多くの人が予想していることになります。デフレと低金利が結びついているのはこのためです。

整理すると、物価と金利というものは密接に関係しており、金利が上昇する時には物価も上がる可能性が高く、金利が低下している時には、物価も下がる可能性が高いということになるのです。

景気悪化と物価上昇の二重苦

つまり、金利というのは将来の物価予想の集大成というわけですが、これを前提にした上で過去の日本経済について振り返ってみましょう。

日本の長期金利（10年国債の金利）は１９７０年代から80年代にかけては８％を超えていたこともありましたが、バブル崩壊以降、金利は急激に低下。１９９０年代の半ばには

4%を割り込み、後半には2%を切る水準まで下がっています。

その後、しばらくの間、長期金利は1%台後半で安定していましたが、リーマンショックをきっかけに再び下落が始まり、2012年にはとうとう1%を切り、2013年4月からスタートした量的緩和策の導入以後は金利がマイナス水準になるという異常事態が続いています。

先ほど、物価と金利には密接な関係があると説明しましたが、次ページの図は1970年以降の長期金利と物価の水準を示したグラフです。

金利が高かった1970年代、80年代は物価上昇が顕著でしたが（つまりインフレ）、金利の下落が始まって以降の物価は横ばいかマイナスという状況が続いています。低金利ということは、景気が悪いことの裏返しであり、将来も物価が上昇しないと多くの人が認識した結果です。バブル崩壊以降、日本経済はほとんど成長できていませんから、金利も物価もそうした状況を見事に反映しているのです。

特にアベノミクス以降、政府は「日本経済は力強く成長している」と説明していますが、金利と物価の状況を見ればそうではないことは明白といってよいでしょう。

現在、日銀は量的緩和策を継続していますから、金利はゼロもしくはマイナス近辺で推

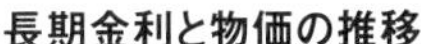
長期金利と物価の推移

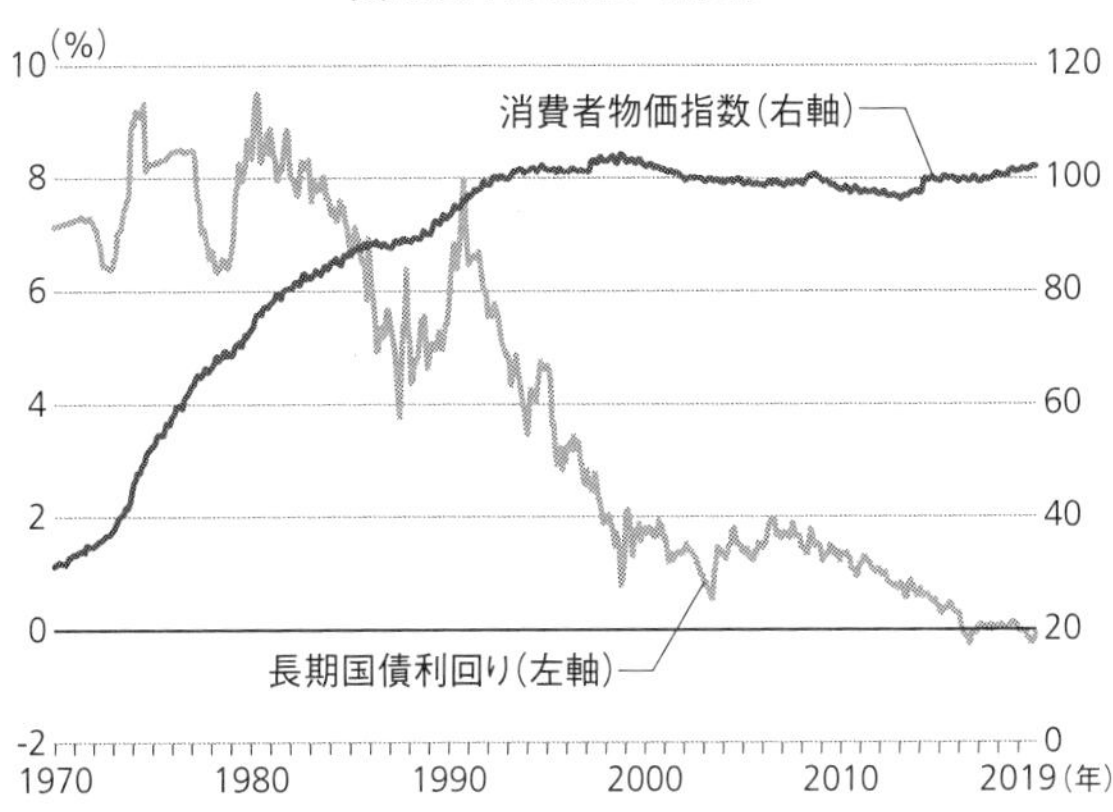

出所)財務省、総務省

移しているのですが、半永久的に日本の金利と物価は低いままなのでしょうか。少なくとも金利については低い状況が続いているわけですが、物価には異なる兆候が見え始めています。

グラフを注意深く見ていただけると分かると思いますが、アベノミクスのスタート以降、物価は少しずつ上昇していることが分かります。実際、モノの値段は着実に上がっており、多くの国民の生活は苦しくなっています。

時折、「日本の実質賃金がマイナスになっている」というニュースを耳にすると思いますが、実質賃金というのは名目賃金から物価上昇分を差し引いた指標です。つまり賃金は横ばいかもしくはわずかに増加しているのですが、賃金以上に物価が上がっているため、実際に使えるお金が減っており、その分だけ生活が苦しくなっています。

では、なぜこのタイミングで物価が上昇しているのでしょうか。

その理由は本書において何回か指摘してきましたが、諸外国の経済が拡大したことによって、日本以外の物価が大きく上昇しており、これが輸入品の価格を引き上げているからです。

いくら国内が不景気でデフレ傾向だといっても、輸入品を安く購入できるわけではありません。日本で消費される製品の多くは、日本で製造されていたとしても、原材料には輸入品が使われています。国内でしか作ることができない農作物でさえ、種子や肥料、石油などの各種コストは海外の価格から大きな影響を受けてしまうのです。

各メーカーは、仕入れ価格が上昇していることから、価格を上げたいと思っていますが、売上高が減ることを恐れてなかなか思い切った値上げに踏み切れません。コストが上昇すると利益が減りますから、これがさらに賃金を下げる原動力になるという悪循環となっています。

このまま日本国内と海外の価格差が拡大した場合、どこかのタイミングで企業は大幅な値上げを決断せざるを得ないでしょう。もし、各社が一斉に輸入価格の上昇分を最終製品の価格に転嫁した場合、国内の物価は一気に上昇を開始する可能性があります。

これは景気が拡大しているので価格が上がるというメカニズムではなく、輸入価格の上昇という形でコストが上昇し、これが物価を引き上げるというものですから、景気が悪い状態でも物価が上がる可能性があります。

経済学の分野では、インフレの原因として主に2つが想定されています。

ひとつは需要が拡大して、それが価格上昇を引き起こすディマンドプル・インフレ（厳密には需要の増大によって需要曲線がシフトすることで、物価が上がった地点で新しい均衡に達するというメカニズム）、もうひとつは、コストが増加することで価格が上昇するコストプッシュ・インフレです。

ディマンドプル・インフレは主に景気がよい時に発生するインフレであり、これまで何回か説明してきた、好景気の時に小売店の店主が値上げをするというメカニズムに近いものです（厳密にはマクロとミクロの価格メカニズムは異なります）。

一方、コストプッシュ・インフレは景気がよい時にだけ発生するとは限りません。何らかの理由である製品のコストが著しく上昇し、これが最終製品の価格を引き上げた場合、どんな経済状況であってもインフレが進みます。

コストプッシュ・インフレのもっとも代表的な例は1970年代に発生したオイルショックでしょう。

オイルショックはコストプッシュ・インフレの典型

1973年10月、中東の産油国などで構成する石油輸出国機構（OPEC）加盟6カ国は、1バレルあたり3・01ドルだった原油公示価格を5・15ドルに、さらに翌年1月からは一気に11・65ドルに引き上げる決定を行いました。

原油市場は大混乱となり、1970年まで1バレルあたり1・8ドル程度に過ぎなかった原油価格は1970年代後半には30ドルを突破するまでに上昇。石油を輸入していた先進各国の企業にとっては想定外のコスト高となり、各国でインフレが一気に進むことになりました。

日本でも1973年から1980年にかけて物価は約2倍に高騰し、「狂乱物価」などという言葉が新聞の見出しを飾っています。ただ、当時の日本は1960年代から長期にわたる好景気が続いており（いざなぎ景気）、この景気が一段落した後も田中角栄元首相による列島改造ブームが発生していたことから、基本的には高成長が続いていました。

オイルショックの翌年こそ一時的にマイナス成長となりましたが、企業はインフレに負けないよう、相次いで賃上げを実施したことで、国民生活への影響はそれほど大きくならずに済んだのです。

オイルショックと聞くと、トイレットペーパーを買いだめしようと、主婦がスーパーに殺到し、商品の棚が空っぽになってしまったという話をよく聞きますが、実際はそれほどでもなかったようです。

筆者は当時まだ4歳なので明確な記憶はありませんが、筆者の母親が生前語っていたところによると、近所のスーパーには商品がしっかり並んでおり、行列を作ってまで買いだめした人は、周囲にはいなかったそうです。

このほかにも、混乱はそれほどでもなかったという話をよく聞きますから、テレビで放映されたシーンはかなり特殊なケースだったと考えられます。むしろ、今回の新型コロナウイルスによるトイレットペーパーの買いだめの方が激しかったと言えるかもしれません。

日本は物価が上昇したものの、基本的に景気がよかったことから、賃金も上昇し、何とかインフレを乗り切ることができましたが、米国はそう簡単にはいかなかったようです。

日本と同様、米国も原油価格の上昇によって大幅なコストアップに悩まされましたが、当時の米国は今とは異なり、経済や社会の制度疲労が進んでおり、米国企業の競争力は大きく低下した状況にありました。経済の基礎体力が弱っているところに、オイルショックという強烈なコストプッシュ・インフレが押し寄せたことで、不景気であるにもかかわらずインフレだけが進行するという最悪の事態に陥ったのです。

景気が悪い状態でインフレが進むことを、スタグフレーションと呼びますが、1970年代の米国はまさにスタグフレーションの典型といってよいでしょう。

1970年代の米国は原油価格の高騰が原因でインフレが進みましたが、ある製品のコストが一方的に上昇した場合、それがどんなものであっても、インフレを引き起こす要因となります。今の日本にあてはめれば、海外との経済成長の差に伴う輸入価格の上昇や、人手不足はコストを増やす要因であり、場合によってはこれがインフレを誘発する可能性は十分にあるのです。

新型コロナがスタグフレーション誘発も

第1章では、売れ行きが悪い状況であるにもかかわらず、マンション価格があまり下がっていないという話をしました。最近のマンション価格は一般的なサラリーマンには手が出ない水準まで上昇しており、新築マンションの売れ行きはさっぱりという状況です。ところがどういうわけか、マンションの価格は下がる気配を見せません。

マンション価格が下がらないのは、マンション建設に必要な資材価格が海外市場の影響によって高騰していることに加え、人手不足から建設作業員の確保が難しくなっており、建設コストが上昇。その結果、マンション1棟あたりの利益率が低下しており、価格を安く設定できなくなっているからです。

これは不動産というひとつの業界内の話ではありますが、先ほどのスタグフレーションの話と基本的な図式は似ています。景気が悪くなり、本来であれば安く販売したいのですが、仕入れ価格が高騰しているため安くすることができず、これが販売不振にさらに拍車をかけています。

マンションの場合、建設作業員の人手不足が深刻という特殊事情があるため、かなり厳しい状況になっているわけですが、原材料価格の高騰や人手不足というのは程度の差こそあれ、日本経済全体が抱えている問題です。

今のところ賃金が低く抑えられていることから、インフレにはなっていませんが、もし何らかの理由でコストがさらに高騰する事態となった場合には、日本でもインフレが進む可能性は否定できません。

２０２０年初頭に本格化した新型コロナによる感染拡大も、場合によってはスタグフレーションのきっかけとなる可能性があります。

新型コロナが全世界的に流行したことで、企業間におけるモノや人のやり取りは大きく制限されることになりました。この原稿を書いている２０２０年４月時点では、まだ先を見通せる状況にはなっていませんが、仮に感染が終息しても、今後のリスク管理を考え、従来の物流網や生産体制を見直す企業が増えてくる可能性は否定できないでしょう。

一方、新型コロナによる影響によって、全世界的な景気後退リスクも高まっています。景気が悪くなり、需要が減る中で、企業が生産・物流体制の大幅な見直しを行った場合、不景気であるにもかかわらず、十分な製品が市場に供給されないケースも考えられます。この状況がひどくなると、不景気の中でモノ不足が進み、企業がコスト増加分を値上げで補おうとすることから価格が上昇する可能性があります。これはまさにスタグフレーションといってよい現象です。

「日本破綻論」の現実的解釈

過去の経験則から、人手不足が発生すると最終的には賃金が上昇し、コストプッシュ・インフレになりやすいことが知られており、これをグラフにしたものが、いわゆるフィリップス曲線です。

フィリップス曲線は、失業率を横軸に、物価上昇率を縦軸にしたものがよく用いられます。失業率が高くなると企業側が有利になりますから、一般的には賃金が低下していきます。逆に失業率が低くなると、人を雇うのが困難となり賃金は徐々に上がっていくと考えられます。

賃金が上がると企業の利益は減りますから、最終的には製品価格も上昇し、物価も上がっていく可能性が高まります。失業率が低くなるほど、物価が上がりやすいという関係ですから、グラフは右肩下がりの形状となるのが一般的です。

日本にはデフレマインドが蔓延(まんえん)しており、これが物価上昇を抑え込んでいるという議論をよく耳にしますし、日本のフィリップス曲線が右肩下がりではなく、ほぼ水平になっていることを理由に、日本はインフレにならないと指摘する意見もあるようです。

しかし、日本のフィリップス曲線がフラット（つまり失業率が低下しても賃金や物価が

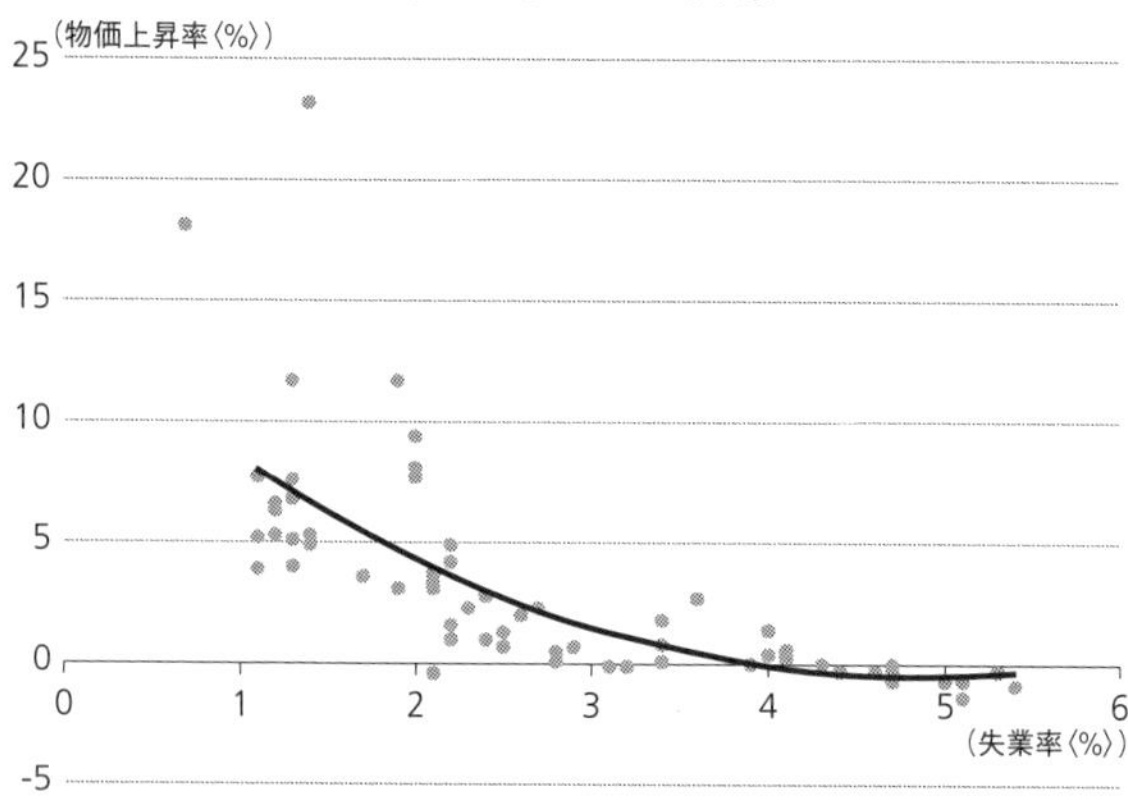

出所）総務省から筆者作成

上昇しない）になっているのは1990年代以降に限定した場合だけです。上の図には1960年代や1970年代のデータが含まれていますが、これを見ると、日本のフィリップス曲線は見事な右肩下がりとなり、一定のしきい値を超えた場合には、やはりインフレが進む可能性が高いことを示しています。

グラフの傾きから判断すると、日本がインフレになるかならないかのしきい値は、失業率2％台前半であることが分かります。

実はここ数年、人手不足の深刻化によって、日本の失業率は低下する一方となっており、2019年の失業率は2・4％にまで下がっています。あと少し日本の失業率が低下した場合には、過去の経験則上、インフレの警戒モードに入ります。

新型コロナによる影響で、一時的に失業率が上がる可能性は高いですが、日本の人手不足は好景気によるものではありませんから、感染拡大が一段落すれば、再び人手不足が顕在化する可能性が高いでしょう。

筆者は日本がインフレになると強く主張したいわけではありませんが、日本が慢性的なデフレ体質だというのは、近年のみの話であり、これが半永久的に続くとは限らないということを説明したいだけです。

もし、今の経済状況のままインフレが進んだ場合、非常にやっかいなことになります。基本的に景気がよくない状態でインフレが進むと、1970年代の米国が経験したようなスタグフレーションに陥る可能性が高まってきます。特に日本の場合、巨額の政府債務という問題があり、これがスタグフレーションを悪化させるリスクがあるので、注意が必要でしょう。

日本政府は1000兆円を超える政府債務を抱えており、他国と比較して過大な水準が問題視されています。筆者もしばしば日本の政府債務はGDP水準に比して高すぎるという話をするのですが、こうした意見を表明すると、きまって感情的な批判が飛んできます。

政府債務を問題視することを批判する人たちというのは、政府債務の水準について指摘している筆者のような人物は、「政府が破綻し日本円が紙切れになる」と主張していると誤解しているようです。

確かに一部の過激な論者は、近い将来、日本政府が破綻して日本円はタダ同然になり、ハイパーインフレが発生すると主張していますが、筆者も含めて、現時点において日本政府が高い確率で破綻すると思っている論者はほとんどいません。

筆者を含め、政府債務の大きさを問題視している人の多くは、日本政府の破綻を懸念しているのではなく、巨額の政府債務を抱えていた場合、金利が上昇した時の悪影響が極めて大きくなることを懸念しているのです。

税収の半分が国債の利払いに消える

先ほども説明したように、現在、日本政府は1000兆円を超える政府債務を抱えていますが、量的緩和策が継続していることから金利が低く抑えられており、年間の利払いは約9兆円で済んでいます。政府は様々な期間の国債を保有しており、その金利も様々ですが、1000兆円の借金で利払いが9兆円ですから、平均的な利率は0・9%ということになります。

先ほど説明したように、もし日本でインフレが進み、物価が上昇した場合には、それに合わせて金利も上がっていきます。

もし国内の金利が3％になった場合、政府が抱える債務が1000兆円のままだった場合、1000兆円の3％ですから、政府が支払う利払い費は年間30兆円に達します。現在、日本における税収の総額は60兆円であり、残りはすべて国債という借金でカバーしていますす。ところが、金利が3％に上昇しただけで、税収の半分が利払い費に消えてしまいますから、日本政府はこれまでと同じレベルの予算を組むことができなくなります。

明日、急に金利が3％になることはありませんし、仮に短期間で金利が上昇しても、政府が保有する国債がすべて新しい利率のものに入れ替わるには10年近くかかりますから、多少の時間的猶予があります（国債の平均償還年限＝デュレーションは約9年）。しかし、金利が上昇すると予算を大幅に削減しなければならないのは間違いありません。

現実にはジワジワと金利が上昇し、年々、利払い費が増えて予算を圧迫。政府は徐々に緊縮財政に舵を切るという流れになる可能性が高いと考えられます。

政府の予算が大幅に縮小された場合、年金や医療に甚大な影響が及びますし、何より、国内の景気がさらに悪化してしまいますから、日本経済は大混乱に陥るでしょう。過大な政府債務を抱えたままでインフレが進むと、景気が極度に悪化する可能性が高く、激しいスタグフレーションを誘発する可能性が高くなってくるのです。

筆者らが心配しているのはこうした事態であり、日本政府の破綻ではありません。つまり、本当の問題は、日本円が紙切れになるといった話ではなく、金利の上昇がもたらす混乱なのです。

非常に確率の低いことではありますが、一部の論者が指摘しているように、日本でもハイパーインフレが発生する可能性がまったくゼロというわけではありません。実際、75年前の終戦直後には準ハイパーインフレが発生。物価は180倍に高騰し、国民の大半が預金を失ってしまいました。戦費を調達するため政府が大量の国債を発行し、その大半を日銀が引き受けたことが原因です。

当時と今とでは状況が異なりますが、それでも日銀が500兆円もの国債を保有しているのは事実であり、日本の金融市場にはGDP水準に匹敵する余剰マネーが溢れ返っています。

先ほど説明したように、このマネーは日銀当座預金の中にただ預金された状態にあり、市場には出回っていませんから、今のところこれがインフレを誘発する可能性は低いとされています。

しかしながら、金利が上昇した場合には話が変わってきます。

国内の金利が上がった場合、銀行はほとんど利子の付かない当座預金に資金を遊ばせておくと大きな損失となってしまいます。金利が一定水準を超えた場合には、銀行は日銀の当座預金から資金を引き出し、融資や投資に回す可能性が高いでしょう。そうなると、市場には急激に大量のマネーが流通しますから、インフレになる可能性は十分にあります。

もし市場に過剰なマネーが溢れた場合、貨幣の購買力が一時的に増加しますから、GDPも拡大し、これが全体の物価を押し上げます。物価が上がると、現金を持っている人は損をしますから、ますますモノを積極的に購入するようになるでしょう。これが最悪の形になるとハイパーインフレとなり、際限なく物価が上昇することになります。

こうした最悪の事態を防ぐためには、日銀当座預金から資金が流出しないよう、当座預金に高い利子を付与しなければなりません。日銀は巨額の支出を余儀なくされ、この支出を負担するのは最終的には国民ですから、予算の大幅削減や大増税が実施されるのはほぼ間違いありません。そうなると景気は一気に冷え込むことになるでしょう。

繰り返しますが、現時点で日本が極度のインフレに陥る可能性は低いですが、「絶対にインフレにはならない」といった思い込みは危険です。

悪い条件が重なった場合には、インフレが進むリスクがあることは、理解しておく必要がありますし、こうした事態を防ぐためにも、むやみな政府債務拡大は抑制すべきです。

第5章 そもそも経済大国ではなかった

——為替レートのマジック

第4章で解説した物価のメカニズムは主に国内経済に焦点を当てたものです。

しかしながら、コストプッシュ・インフレに代表されるように、輸入価格の上昇など、海外要因で物価が上下することも多いですから、外国とのやり取りを無視することはできません。ここで重要な意味を持ってくるのが為替レートです。

経済が強ければ円高など関係ない

年配の読者の方は実体験として理解できると思いますが、日本人が海外に行くと何もかもが安く感じられた時代がありました。その傾向がもっとも顕著だったのが、日本の国力が今ほど衰えておらず、しかも円高が急激に進んだ1980年から1990年代にかけてでしょう。

今とは異なり、日本企業の国際競争力は高く、低価格で質の高い製品を大量に輸出していたことから、多くの米国企業が倒産し、米国では失業が大きな社会問題となっていました。日本人は徹底した弱肉強食主義で、「安くてよいモノを作って何が悪い」「よい製品を作れない企業の社員が路頭に迷うのは当たり前だ」といった勇ましい論調が強く、日本企業の低価格攻勢でクビを切られる米国の労働者に配慮するという雰囲気はほとんどゼロという状況でした。

米国政府は日本に対して強い警戒感を示し、1985年には為替を円高に誘導するよう呼びかけ、各国は米国の要請に応じることになりました。

協議が行われたホテルの名前を取って「プラザ合意」と呼ばれていますが、この国際的な合意によって1ドル＝250円だった日本円は一気に上昇を開始、1995年には何と80円台まで高騰したのです。

円高が進んだことで輸出産業には逆風となりましたが、本当に企業の競争力がある時には、為替レートの変化で経営がダメになることはありません。確かに円高になって見かけ上の輸出金額は減りますが、同時に、製品の製造に欠かせない原材料を安く輸入できるということでもありますから、一方的に損をするわけではないからです。

結局、日本企業の業績はそれほど悪化せず、円高対策による低金利で国内には大量のマネーが供給され、逆に日本はバブル経済に突入することになります。

今まで1ドルの海外製品を買うためには250円の出費が必要だったにもかかわらず、それが150円、100円で済むようになったわけですから、多くの日本人にとって海外は何もかもが安いという印象になりました。しかも、バブル経済によるカネ余りが加わりましたから、多くの日本人が大挙してパリやニューヨークを訪れ、すさまじい勢いで買い物をしたわけです（当時の日本人の下品な行動は今の中国人も真っ青でした）。

その後、日本経済はバブル崩壊を迎えますが、この影響が深刻化するのはかなり後になってからであり、１９９０年代も日本人による海外での買い物は続いていました。この時代は、バックパッカーと呼ばれる若者の貧乏海外旅行がちょっとしたブームになりましたが、ほとんどお金をかけずに若者が自由に海外旅行を楽しむことができたのも、圧倒的な円高のおかげといってよいでしょう。

少し話がそれますが、急激な円高が進んだ当時の日本経済の状況は、混迷が続く今の時代に多くの示唆を与えてくれます。

日本はすでに製造業の国ではなく、内需によって成長する成熟国にシフトしつつありますが、産業構造は輸出産業が経済を主導する昭和型のままであり、時代に追いついていません。国内の世論も輸出競争力に対する関心が強く、為替が円高になると「日本の製造業が大変なことになる」と大騒ぎしています。

安倍政権は「日本を取り戻す」として、製造業の輸出を強化する政策を実施し、実際、量的緩和策による円安の影響もあって、日本円ベースでの輸出金額は大きく増加しました。ところが数量ベースの数字を見ると日本の輸出はほとんど増えていません。

為替が安くなりましたから円ベースでの金額が大きくなるのは当然ですが、数量が増えていないということは、為替が安くなったからといって商品が売れるようになったわけではない、ということを意味しています。こうした現実を考えると、為替を安くすれば、かつての競争力を取り戻せるという話には大きな疑問符が付きます。

為替を安くすると輸出が増えるのであれば、逆に為替を高くすると輸出が減るはずです。ここで１９８０年代と90年代を振り返ってみましょう。

１９８０年代は円の価格が10年で３倍以上という激しい円高が進んでおり、今の感覚からすると日本の輸出は大打撃を受けそうです。確かにプラザ合意の翌年は輸出はマイナスになったのですが、その後は、順調に増加しており、結局のところ日本経済は円高の影響をあまり受けていません。

もちろん、このウラには各メーカーの必死の努力があったわけですが、今のメーカーも当時と同じように必死に努力しているはずです。１９８０年代は為替が円高に振れたにもかかわらず輸出が増え、今の時代は為替が円安になっているにもかかわらず輸出が増えないのはなぜでしょうか。1980年代の日本企業が為替の影響をほとんど受けなかった最大の理由は、日本製品の競争力が極めて高かったからです。つまり、輸出を決める最大の要因は為替ではなく、企業や製品の競争力なのです。

輸出する製品の付加価値が低く、価格しか差別化要因がない場合には、為替から大きな影響を受けることになります。近年、為替が円高だったことで日本企業の競争力が低下したという論調が強くなっていますが、もしそれが事実なら、日本企業が作る製品の付加価値が大きく低下している可能性について考える必要が出てくるでしょう。

つまり「日本企業には高度な技術があり、付加価値の高い製品を作っている」という話と「為替が円高になると製造業が壊滅的な打撃を受ける」という話は両立しないのです。

筆者は基本的に、日本経済は輸出主導型ではなく内需主導型に移行すべきという立場ですので、製造業の輸出を強化するという考え方にはあまり賛成できませんが、もし日本がさらに輸出を強化したいのであれば、為替をいじってもあまり意味がないことがお分かりいただけると思います。日本の輸出を増やすためには、日本企業の競争力そのものを高めるしか方法はなく、為替は根本的な要因にはならないのです。

話を元に戻しましょう。

製造業の輸出は為替レートよりも製品そのものの競争力が大きく影響するわけですが、消費者の生活はそうではありません。

日本で消費される商品の多くは輸入、もしくは輸入品を原材料に製造されていますから、為替レートから大きな影響を受けます。国内の賃金が据え置かれたままで、輸入品の物価が上がれば、当然、生活は苦しくなります。付加価値の高い製造業にとって為替はそれほど重要ではありませんが、消費者にとって為替というのは生活水準に直結する重要なテーマなのです。

極端な円高で、海外旅行に行く日本人が急増したことからも分かるように、為替レートが動くと消費者の行動パターンが大きく変わってきます。当然ですが、外国から日本にやってくる観光客の動向についても、為替レートがカギを握っているわけです。

プラザ合意は、政治的な力学によって人為的に作られた円高なのですが、本来、為替レートというのはどのように決まるものなのでしょうか。

為替レートは基本的に購買力平価で決まる

為替レートは様々な要因で動きますが、長期的に見た場合、もっとも関連性が高いのは物価です。為替は2国間の通貨を交換するレートですから、厳密に言うと、為替レートにもっとも大きな影響を及ぼすのは2国間の物価の違いということになります。

日本において１００円で売られているペンがあったとします。為替レートが1ドル＝１００円だった場合、このペンは米国では1ドルの価格で売られているはずです。もし米国の物価が上昇して2倍になったと仮定すると、このペンの価格は米国では2ドルになります。一方、日本の物価には変化がありませんから、日本国内では相変わらずこのペンは１００円で売られています。

日本でこのペンを１００円で買って、米国に持ち込み、米国内で売った場合、売り手は2ドルを手にすることができます。ここで為替レートが1ドル＝１００円で変更がない場合、売った代金である2ドルを両替すると２００円になりますから、日本で買って米国で売れば簡単に儲けが出てしまいます。

これはペンだけの話ですが、あらゆる商品で同じような現象が発生しますから、この状況が続けば市場は大混乱に陥ってしまうでしょう。

現実にはそのようなことはなく、米国の物価が上昇した場合には、為替レートが動き、両国の価格差を調整することになります。このケースでは米国の物価が2倍になったので、

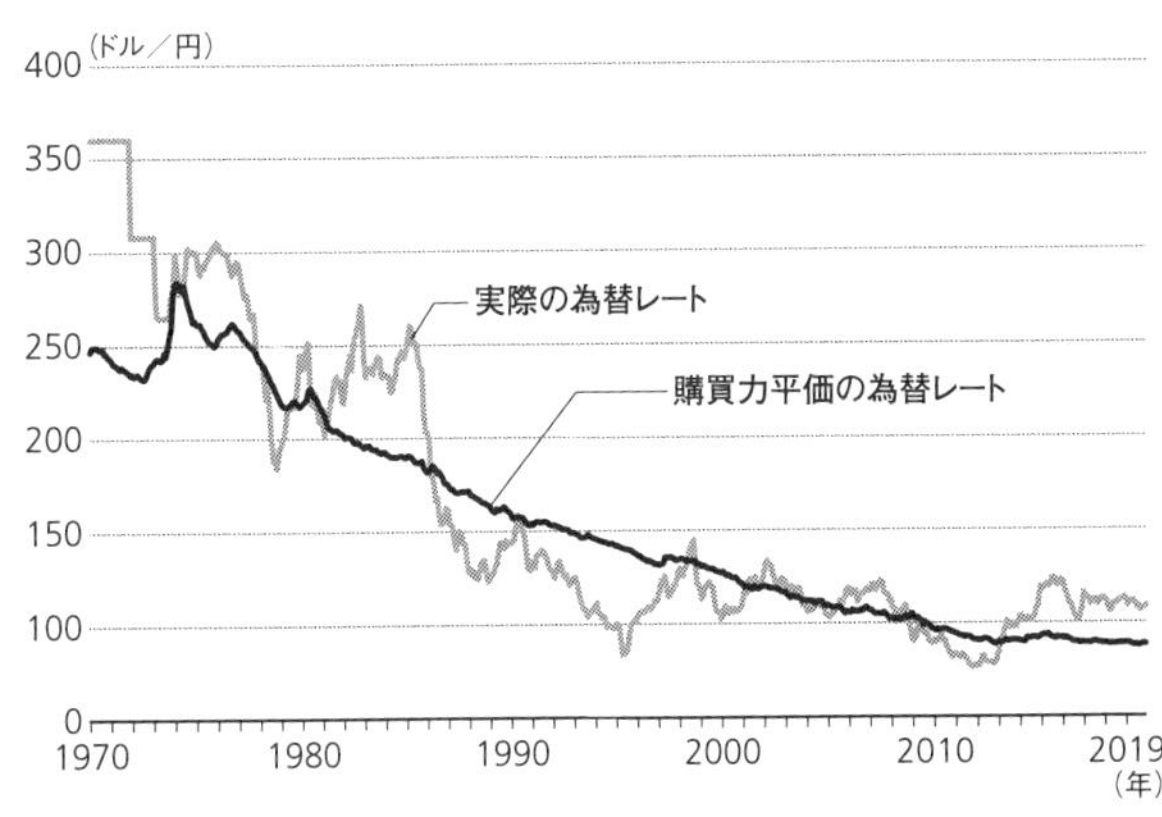

出所）日銀、総務省、米労働省など

その分だけドルは安くなり（つまり円が高くなり）、為替レートは1ドル＝50円になるはずです。

1ドル＝50円の場合、日本でこのペンを100円で仕入れて米国で2ドルで売っても、日本円として得られるのは買値と同じ100円ですから、日本で買って米国で売ればボロ儲け、というわけにはいきません。

現実の為替市場は様々な出来事から影響を受けますから、市場のレートが常にこの法則に沿って動くわけではありません。しかし、物価が上昇した国の為替は安くなり、逆に物価が下落した国の為替は高くなりやすいということは覚えておいてください。

もし為替というものが基本的に物価の違い

を反映しているのだとすると、両国の物価の動きから理論的な為替レートを計算できるはずです。両国の物価差から算出した為替レートのことを購買力平価の為替レートと呼びます。

日本はプラザ合意以降、基本的に円高が進んだのですが、それは90年代以降、経済の伸び悩みによって日本の物価が低迷する一方、米国は好景気が続いて物価が上昇しており、米国と日本の価格差が大きくなったことが原因です。

確かにプラザ合意は人為的な為替操作ではありますが、こうした人為的な操作だけで為替をコントロールすることはできません。基本的に日本経済が成長しておらず、物価が上昇しないため、米国との価格差が拡大し円高が続いたと解釈する方が自然です。

前ページの図は為替が管理通貨制度に移行した１９７３年以降のドル円の為替レートと購買力平価による理論的な為替レートを示したグラフです。現実の為替レートは、プラザ合意のように様々な要因で上下するわけですが、大きな流れとしては、購買力平価の理論的なレートに沿って動いていることがお分かりいただけると思います。

プラザ合意についてもすべてが人為的というわけではありません。

グラフをよく見ると分かりますが、プラザ合意があった１９８５年より前の為替レートは、購買力平価と比べてかなり円安になっていました。実質的には円高が進んでいたにもかかわらず、市場のレートはそれを十分に反映しておらず、プラザ合意という人為的なショックで一気に顕在化したと考えるべきでしょう。

これまで一定の比率で固定されていた為替レートが、自由な市場取引で決まるようになったのは1971年に行われた米国による金とドルの兌換停止措置、いわゆるニクソン・ショックがきっかけですが、この時代は今とは逆に、米国経済の悪化が為替レートを動かす大きな要因となっていました。

なぜニクソン・ショックは発生したか

戦後の世界経済の枠組みはすべて米国が作り上げたものです。

当初は米国の圧倒的な経済力を背景に、金とドルの交換レートを設定し、米国はいつでもドルと金の兌換に応じるという仕組みでした。各国の通貨もドルとの交換レートを一定に保っていましたから、この制度は、金の価値を背景にしたドル本位制という位置付けになります（ブレトンウッズ体制）。

しかしながら、このブレトンウッズ体制はあまり長く続きませんでした。

第4章でも解説したように、経済が成長するとそれに伴って貨幣の需要も拡大していきますから、より多くの貨幣を流通させないと経済成長を阻害したり、過度に物価が上昇するという弊害が出てきます。

第二次世界大戦で世界経済は大きな打撃を受けましたが、戦後復興の特需やアジアやアフリカの植民地が相次いで独立したことなどから、戦後の世界経済は、驚異的な成長を実現することになりました。

ドルを基軸通貨にしている以上、世界経済の急速な拡大に合わせてドルの流通量を増やす必要があるわけですが、ブレトンウッズ体制には少々問題がありました。

同体制ではドルは金の価値を担保にしていると考えられていましたから、ドルと金の交換レートは常に一定でした。急激に拡大するドル紙幣へのニーズに対応するためには、ドルと金の交換レートを下げていくしか方法がありませんが、ドルと金の交換レートを下げてしまえば、ドル紙幣が金の価値で裏付けられているという現実を否定することになってしまいます。

当初は米国の圧倒的な経済力を背景にこの体制も何とか回っていましたが、困ったことに、1960年代の後半から米国企業の競争力に陰りが見え始め、ドルに対する信用がかなり落ち込んできました。これに加えてベトナム戦争が泥沼化し、米国の財政問題も市場で取り沙汰されるようになってきたのです。

一連の変化によって、ドルと金の交換レートを固定するブレトンウッズ体制の矛盾が一気に噴出する形になり、手持ちのドルを金と交換する投資家が増え、米国から急速に金が流出するようになりました。こうした事態に対処するため、米国のニクソン大統領は突如、ドルと金の兌換を停止する措置を発表。米国自身が構築した金・ドル本位制を一方的に放棄し、市場は問答無用で変動相場制に移行することになったのです。これがニクソン・ショックです。

ニクソン・ショックの発動について米国は日本側に事前通知を行っていなかったと言われており、当時の日本政府は何が起きたのかまったく分からない状態でした。市場ではドルの価格が急速に下落していましたから、日本政府は、同盟国である米国のドルを買い支える必要があると判断。各国が為替市場を閉鎖する中、日本だけが取引を継続し、大量のドルを購入することでドルの下落を食い止めようとしました。

しかし、当の米国がドルの価値を大きく下げてもよいと判断した結果ですから、日本だけがドルを買い支えてもほとんど意味はありません。日本は価格が下落するドルを大量に保有する結果となり、国庫には莫大な為替損失が発生してしまいました。

為替レートのグラフを見ていただければ分かるように、上下変動がありますが、1973年以降、基本的にドルの価格が下がり、円の価格が上昇していることが見て取れます。1970年代の下落は、ドル不信による米国のインフレが原因ですが、プラザ合意以降のドル安は人為的なもの、そして1990年代以降のドル安については、米国景気が回復したことによる物価高を背景としたものです。

理由は様々ですが、いつの時代も基本的には両国の物価の違いが、為替レートを決定していることがお分かりいただけると思います。特にプラザ合意以後の10年間は理論的なレートを大幅に超えて円高が進んだため、日本円は実力以上に高く評価されることになりました。当時の日本人にとって海外が格安に見えたのはこれが理由です。

その後、購買力平価による理論的な為替レートと実際の為替レートの差は縮小しました。購買力平価による理論的なレートが大きく動いていないということは、以前に比べて米国（および世界）と日本の価格差はそれほど大きくないということを意味していますが、近年、再び両者の乖離が大きくなりつつあります。

本書では何度か、日本国内がいくらデフレだといっても、グローバルに価格が決まる製品やサービスについては国内事情とは関係なく物価が決まると説明してきました。確かに一部の商品やサービスは、不景気であることから価格を大幅に引き下げていますが、一方で多くの商品が海外価格の影響を受けて国内販売価格を引き上げており、実は物価上昇がジワジワと進んでいるのです。

虚構の「1人あたりGDP世界一」

海外価格の上昇に合わせて賃金も上がっていけば問題ありませんが、賃金が上がらない中で海外市場の影響を受ける製品価格だけが上昇した場合、当然、同じ賃金で買えるモノの総量が減ってしまいます。以前と比較して、多くの日本人が貧しさを感じやすくなっているのはこれが理由です。

物価以外の要因に大きく左右される現実の為替レートではなく、購買力平価によって得られた理論的な為替レートを使うと、様々なことが、より明確に理解できるようになります。国の豊かさを示す1人あたりのGDPはその典型といってよいでしょう。

日本はかつて1人あたりのGDPで世界2位、主要先進国では1位になったこともあり、この実績は日本が豊かな先進国であることを示す材料として今でもよく使われています。

確かに日本は1人あたりのGDPで主要先進国中1位になったことがあるのですが、ここで大きな疑問が湧いてきます。

筆者は本書で、日本の労働生産性は諸外国と比較して低いと述べました。実際、日本の労働生産性は先進国中最下位なのですが、生産性は1人あたりのGDPに近い指標ですから、労働生産性が先進国中最下位であるにもかかわらず、1人あたりのGDPでは先進国中トップになるというのは整合性が取れません。

この疑問を解くカギとなるのが為替レートです。

労働生産性は一般的にドルで表示されますから、通貨が異なる国の場合には、当該国の通貨をドルに換算しなければなりません。この時、市場で実際に取引されている為替レートを用いると、数値のブレが大きくなるため、正しい比較がしにくくなります。このため労働生産性を計算する際には、実際の生活実感に近い、購買力平価の為替レートを用いることが共通ルールとなっています。

一方、1人あたりのGDPについては、通常の為替レートを適用するケースがほとんどですから、何らかの理由である国の通貨が過剰に上昇している場合、その国の1人あたりのGDPは高く算出されることになります。

円高が急激に進んだ１９９０年代に日本の１人あたりのＧＤＰが急上昇したのはこれが原因です。試しに実際の為替レートではなく、購買力平価の為替レートを適用して１人あたりのＧＤＰを計算してみましょう。

次ページの図は、日本の１人あたりのＧＤＰの先進国中の順位について、市場で取引される為替レートと購買力平価の為替レートを使って計算したものです。

上の表は実際の為替レートを使って計算した数字です。

１９６０年代から70年代にかけて、日本は経済規模こそ急拡大しましたが、国民の豊かさという意味ではまだ貧しく、当然のことながら１人あたりのＧＤＰは先進国中最下位でした。ＧＤＰの絶対値こそ大きくなりましたが、国民１人あたりの豊かさという点ではまだまだという水準だったわけです。大国の仲間入りを果たしたものの、貧しさが残っていた一昔前の中国に近い状況と考えればよいでしょう。

筆者は仙台市出身で１９６９年生まれですが、小学校の低学年までは、一部に未舗装の道路が残っており、街全体も今と比較するとかなり埃っぽい感じでした。当時の１人あたりのＧＤＰが先進国中最下位というのは体感として納得できる数字です。

しかし、１９８０年代に入ると、日本企業の競争力が急上昇したことから、日本社会は

1人あたりのGDP（名目為替レート）の順位

	1位	2位	3位	4位	5位	6位	7位
1960年	米国	カナダ	英国	フランス	ドイツ	イタリア	**日本**
1965年	米国	カナダ	フランス	英国	ドイツ	イタリア	**日本**
1970年	米国	カナダ	フランス	ドイツ	英国	イタリア	**日本**
1975年	米国	カナダ	フランス	ドイツ	**日本**	英国	イタリア
1980年	フランス	米国	カナダ	ドイツ	英国	**日本**	イタリア
1985年	米国	カナダ	**日本**	フランス	英国	ドイツ	イタリア
1990年	**日本**	米国	フランス	カナダ	英国	イタリア	ドイツ
1995年	**日本**	ドイツ	米国	フランス	英国	カナダ	イタリア
2000年	**日本**	米国	英国	カナダ	ドイツ	フランス	イタリア
2005年	米国	英国	**日本**	カナダ	フランス	ドイツ	イタリア
2010年	米国	カナダ	**日本**	ドイツ	フランス	英国	イタリア
2015年	米国	英国	カナダ	ドイツ	フランス	**日本**	イタリア
2018年	米国	ドイツ	カナダ	フランス	英国	**日本**	イタリア

1人あたりのGDP（購買力平価の為替レート）の順位

	1位	2位	3位	4位	5位	6位	7位
1960年	米国	カナダ	英国	フランス	ドイツ	イタリア	**日本**
1965年	米国	カナダ	英国	フランス	ドイツ	イタリア	**日本**
1970年	米国	カナダ	ドイツ	フランス	イタリア	英国	**日本**
1975年	米国	カナダ	ドイツ	フランス	イタリア	英国	**日本**
1980年	米国	カナダ	ドイツ	イタリア	フランス	**日本**	英国
1985年	米国	カナダ	ドイツ	イタリア	フランス	**日本**	英国
1990年	米国	ドイツ	カナダ	イタリア	**日本**	フランス	英国
1995年	米国	ドイツ	イタリア	**日本**	カナダ	フランス	英国
2000年	米国	ドイツ	カナダ	イタリア	フランス	**日本**	英国
2005年	米国	カナダ	ドイツ	英国	フランス	イタリア	**日本**
2010年	米国	ドイツ	カナダ	フランス	英国	**日本**	イタリア
2015年	米国	ドイツ	カナダ	英国	フランス	**日本**	イタリア
2018年	米国	ドイツ	カナダ	フランス	英国	**日本**	イタリア

出所）国際通貨基金、OECD

徐々に豊かになっていきました。日本の街並みが急速に綺麗になったのもちょうどこの頃です。1人あたりのGDPは円高が進んだこともあって順位が急上昇し、とうとう1990年には先進国でトップに躍り出ます。

日本が世界に冠たる先進国であるという話は、基本的にこのあたりの数字がベースになっているのですが、本当に日本が世界でもっとも豊かになったのかというと、それは違うのではないかというのが、実際にその時代を生きた筆者の正直な感覚です。

確かに日本の街並みは以前と比較すれば美しくなり、敗戦後の貧しい雰囲気は1980年代には、ほぼ一掃されたといってよいでしょう。

しかしながら、企業では長時間労働が当たり前でしたし、多くのサラリーマンが毎日通勤地獄を味わっていました。欧米各国のように労働者が夏に長期の休暇を取るなど、夢のまた夢であり、生活全般の質という点では、他の先進諸国よりも明らかに劣悪でした。

国民にとっての最大の資産である住宅についても同じことがいえます。

日本の住宅の質は極めて低く、他の先進諸国とは圧倒的な格差がありました。日本人はあまり住宅の品質にこだわらないという点を差し引いたとしても、生活の拠点である住宅にどれだけお金をかけられるのかは、その国の経済力と比例するのが一般的です。

1980年代の日本について、客観的に評価するならば、他の先進各国の豊かさに近づきつつあったものの、まだ完全には追いついていない状況だったというのが、もっとも的確な表現ではないかと思います。

先ほど説明した1人あたりのGDPは実際の為替レートを使って計算したものですが、生活実感に近い購買力平価の為替レートを使って再計算すると、日本の順位はこの体感とかなりの部分で一致します（下の表）。

1980年代に入って日本は豊かになり、1人あたりのGDPが上昇したのは事実ですが、購買力平価の為替レートでは1995年に4位になったのが最高位で、その後は再び順位が下がり、現在は1960年代や70年代と同様、最下位もしくは下から2番目のあたりに位置しています。

この順位を見ると、日本は昔から圧倒的に豊かだったのではなく、1990年代に少し豊かになりかかったものの、再び、貧しい時代に戻っていると解釈できます。

筆者は日本が貧しいということを声高に主張したいわけではありませんが、近年、日本が経済的に厳しい状況に陥っていることに対して、間違った現状認識が広まっていることに対しては危惧を覚えています。

一部の論者は、日本は世界でも突出して豊かな先進国であり、日本企業の競争力も極めて高いということを前提に議論を進めており、政府の経済政策にもこうした価値観が色濃く反映されています。

しかし、この前提条件が違った場合、完全に誤った処方箋を導き出してしまう危険性があり、実際、今の日本はそのような状況に陥っていると考えられます。

日本は1970年代までは貧しい社会であり、その後、豊かになりかかったものの、再び貧しくなりつつあるという現状をしっかり認識しないと、正しい処方箋を得ることはできません。購買力平価を使った1人あたりのGDPは、こうした日本の現状をしっかりと認識する手助けになると筆者は考えます。

打つ手なきポストコロナの経済対策

ではここから先は購買力平価の為替レートというツールを使って、日本の物価がどう推移するのか考えてみたいと思います。

購買力平価の為替レートと実際の為替レートを示した図を見ると、2000年以降は両者の乖離はかなり少なくなっていますが、アベノミクス以降については、実際の為替レートが購買力平価の理論値よりも安いという状況が続いています。

長期的に見た場合、現実の為替レートは購買力平価の為替レートに近づくという理屈を考えた場合、今後の為替レートが円高になって理論値に近づくのか、逆に為替レートは大きく変わらず、物価が上昇して購買力平価のレートが実際のレートに近づくかのどちらかということになります。

筆者は日本でも徐々に物価上昇が進み、購買力平価のレートの方が、現実の為替レートに追いつく可能性が高いと考えています。問題は物価が上昇する要因ですが、景気が過熱し、経済成長が進むことによって物価が上がるのであれば、まったく問題はないのですが、今のところ日本の景気が劇的によくなる可能性は低いというのが現実でしょう。

こうしたところで発生したのが、新型コロナウイルスの感染拡大です。

当初、中国に限定されていた感染が世界に拡大したことで、各国の株価は大幅な下落に見舞われました。日本の株式市場も大きく値を下げ、市場関係者の多くは、不景気とデフレを警戒しています。

しかし、今回の新型コロナによる株価下落では、従来にはなかった動きも見られました。特に顕著だったのが為替です。

近年、世界経済に対する不安が高まると安全資産である円が買われるというステレオタイプな見解を耳にすることが多くなっていました。現実には安全資産として円が買われているのではなく、短期的には米国でのポジションを縮小した日本の機関投資家が資金を日本円に戻していることが原因であり、中長期的には日本の物価下落を見越した動きということになります。米国がくしゃみをすると日本が風邪を引くという話がありますが、世界経済が悪化すると、もっとも影響を受けるのが日本経済だからです。

ところが今回の新型コロナによるショックでは、このパターンが崩れ、円安ドル高が進むという局面が見られました。

コロナショックの初期に発生した急激な円安は、円高を予想していた投機筋の見通しが外れ、ドルを買い戻したことが原因といわれており、これらの取引が一巡した後は、再び円高に転じました。しかし、その後は、新型コロナウイルスの経済に対する影響が深刻になるにつれて、ドルを求める動きが活発になり、再び円安が進展しています。

市場の値動きを完全に予想することは不可能ですが、不景気＝円高という従来の図式が成立しなくなったという点では、大きな変化といってよいでしょう。単に市場の混乱という見方もできますが、一部の市場関係者は今後の為替市場を暗示する動きであるとして注目しています。

過去20年の世界経済は米国の驚異的な成長に牽引（けんいん）される形で高成長が続いてきました。しかし、あまりにも米国の好景気が長すぎることから、多くの投資家が、そろそろ米国が景気後退に陥るのではないかとの懸念を持ち始めています。

こうしたタイミングで新型コロナのショックが発生したわけですが、もし、今回のコロナショックが本格的な景気後退の引き金を引いたのだとすると、日本の金融市場は重大な局面を迎えることになります。

米国経済が本格的に景気後退入りした場合、通常は金利の引き下げで対応することになります。しかし、トランプ大統領は、目先の景気を優先し、金利を引き上げないようＦＲＢ（連邦準備制度理事会）に対して強く要請してきました。

このため、米国は好景気であるにもかかわらず金利が低い状態が続いており、仮に景気後退に陥っても、金利引き下げという手段が使えません。新型コロナによるショックで株価が下落し、金利は極限まで下がった状態にありますから、今後、景気後退がよりはっきりしてきた場合には、株価と債券が同時に下落するリスクが高まっているのです。

もし米国の債券市場が崩れ、その動きが日本にも波及した場合、為替市場には極めて大きな影響が及ぶことになるでしょう。

債券が下落すれば、金利が上昇するので、期待インフレ率も上昇します。日銀は必死で国債を買い支えると思われますが、もしその効果が十分ではなかった場合、日本円は不景気であるにもかかわらず下落し、円安、金利上昇、物価上昇というスパイラルに入ってしまうかもしれません。このモードに入ってしまうと、日本にもはや打つ手はありません。

金利上昇から政府の利払い負担が増え、緊縮財政を余儀なくされるので、さらに景気が縮小するという悪循環に陥ります。そうなると、本書でも何度か指摘してきた不況下のインフレ、つまりスタグフレーションに陥ることになります。

このシナリオは何とか避けたいところですが、すべては米国経済が立ち直ってくれるのかどうかにかかっています。

第6章　日本の強みをどう生かすべきか？

これまで、諸外国から見て日本が安い国になっているという現状や、価格が安く推移するメカニズムについて解説してきました。第6章では、こうした現実を前提に、日本はどうすべきなのか考えてみたいと思います。

手取り14万円　終わっているのは日本かお前か

通貨の過剰発行など金融的な理由でインフレ（物価上昇）が発生するケースもありますが、基本的に物価というものは経済成長と連動しており、経済が拡大すると、それに伴って上昇します。逆に言えば、経済成長が実現できていない国は、賃金も物価もなかなか上昇しません。

冷静に考えれば、ごく当たり前のことなのですが、日本の場合、不景気とデフレが長く続いたせいで、私たちの経済に対する感覚はかなり鈍くなっています。実際、今の日本の現状について、どう解釈すればよいのかとまどっている人も多いのではないかと思いますが、昨年、ネット上でこうした事態を象徴する出来事がありました。

2019年9月、自身の安月給を嘆き、「日本は終わっている」と主張したネットの書き込みに対して、ホリエモンこと堀江貴文氏が「お前が終わっているんだよ」と辛辣に批判したことがネットで大論争となりました。

ホリエモンが批判したのは、ある掲示板サイトに立てられた「手取り15万円以下の人」というトピックでの書き込みです。投稿主によると、自身は40歳前後の会社員で、都内のメーカーに12年勤務してきたそうですが、手取りは14万円しかないとのことです。本人は掲示板上で「役職も付いていますが、この給料です…　何も贅沢出来ない生活　日本終わってますよね？」と書き込みました。

この書き込みには多くの共感が寄せられ、ツイッターでも話題となったのですが、ホリエモンは自身のツイッターでこの発言を取り上げ、「日本がおわってんじゃなくて、『お前』がおわってんだよ」と一喝。この発言がネット上で一気に拡散しました。

ホリエモンの発言に対しては賛否両論となったわけですが、興味深いのは、今の日本社会においては、ホリエモンの発言も投稿主の発言も、基準を変えてしまうと、どちらも正しくなってしまうという点です。

ホリエモンの主張は説明するまでもなく、いわゆる自己責任論ということになるでしょう。投稿主は、役職もついているということなので正社員と考えられますが、12年勤務して手取りが14万円では、（この情報が正しければ）かなりの低賃金です。

12年の間にスキルアップしたり、転職を試みることは可能であったという現実を考えると、この状況に甘んじているのは本人の責任であるというホリエモンの主張には一定の合理性があると思われます。

もっともホリエモンは口調こそ厳しいですが、投稿主を批判しているというよりも、ネット時代には多くの人にチャンスがあるのだから、それをもっと活用すべきだという一種の励ましと捉えることもできます。

ただ、チャンスが広がっているといっても、「皆がそれを生かせるだけの能力を持っているわけではない」という主張や「条件が悪くても、誰かがやらなければならない仕事がある」という指摘が出ているのも事実です。

経済学的に考えた場合、多くの労働者が主体的に職業を選択している状況であれば、こうした問題は起こりにくいとの解釈になります。

その理由は、特定の職業の処遇が著しく悪い場合、そこで働く労働者は他の仕事に転職してしまうので、ある程度、賃金を上げないとビジネスとして成立しなくなるからです。

もし賃上げできない場合は、労働時間や負荷などの面で条件を緩和する必要があり、その場合には、賃金が安くてもラクな方を選択するという労働者が集まってくることになります。結果的に、誰かが犠牲者となって過酷な労働をしなければ社会が回らないという話は成立しません。やる気がある労働者であれば、上がった賃金を使ってスキルアップの教育を受け、それによってキャリアを開拓することもできるでしょう。

しかしながら、この話が成立するためには、社会全体が豊かで、一定以上の賃金水準が維持されていることが絶対条件となります。平均的な賃金水準があまりにも低く、社会が貧しい場合には、不本意ながらも、著しく労働条件の悪い仕事に就かざるを得ない人が増えてくるのが現実です。

残念ながら、今の日本は徐々に後者に近づきつつあります。

日本における労働者の賃金は、多少の上下変動はあるものの、過去20年、ほぼ一貫して下がり続けました。

仮に今回の投稿主が、ホリエモンが指摘したように、あまり努力をせず、現状に甘んじている人物だと仮定しましょう。日本ではこうした労働者は、安月給のまま、苦しい生活を余儀なくされます。ところが、欧米各国であれば、努力をしない人でも、給料の絶対値が高いので、生活水準は日本人よりも高くなります。もし、投稿主が欧米各国で生まれていたのなら、ここまでの状況にはなっていなかったでしょう。

同じ条件の人物でありながら、日本で生活していると貧しい暮らしを強いられるという点においては、「日本終わってますよね」という投稿主の主張にも一理あるということになります。

結局のところ一連の論争というのは、日本を欧米と同水準あるいはそれに近い水準の先進国と見なすのか否かということに集約されます。

欧州各国には経済的な余力があるため、低所得者に対する支援が手厚く、相対的貧困率も日本よりはるかに低く推移しています。日本では「低所得者は怠けている」という批判も多いのですが、もし日本の低所得者が怠けているというのなら、欧州の低所得者も同様に怠け者ということになるでしょう。

しかしながら、欧州の場合には、こうした人たちにも手厚い支援があるので、怠けていても、相応の生活を維持することが可能です。米国は欧州のような手厚い支援策はありませんが、それでも人口1人あたりの社会保障費は日本よりも圧倒的に多く、日本との比較においては米国ですら福祉国家といってよい状況です。

日本を豊かな先進国と見なすのであれば、「終わっている」という投稿主の主張は正しく、日本を先進国と見なさないのであれば、ホリエモンの方が正しいということになるでしょう。

読者の皆さんのほとんどは、日本は先進国であるべきだと考えているはずですし、もちろん筆者もそう思います。そうであるならば、相対的に賃金や物価が下がっている現状というのは、やはり打開すべきものではないでしょうか。私たちが本当に豊かな生活を実現するためには、何としても「安い国」であることから脱却しなければならないのです。

国内消費で経済を回す国に転換すべき

では、日本のこうした現状を打破するためには何が必要でしょうか。

もっとも重要なのは、日本経済の仕組みについて、根本的な認識を改めることだと筆者は考えます。

日本人は論理よりも情緒を優先しがちな国民ですが、これは問題解決にあたって大きな障壁となります。現実を正しく認識し、論理的に考えていかなければ、正しい解決策を導き出すことはできません。

まずは日本経済の仕組みから説明していきましょう。

日本はモノ作りの国であり、輸出産業が経済を支えていると考える人が多いのですが、それはもはや過去の話であり、単なるイメージに過ぎません。日本はすでに消費と投資で経済を動かす国になっており、これからの日本はこの強みを生かすよう政策を変えていく必要があります。

国内消費で経済を回すことができるようになれば、世界の景気動向の影響を受けにくくなりますし、為替レートを過剰に気にする必要もなくなります。また新型コロナウイルスのような危機が再び発生した場合でも、国内だけで対処が可能です。当然のことですが、インバウンド消費に過度に依存する必要もなくなるわけです。

その国がモノ作りの国なのかそうでないのかは、貿易収支の動向に端的に示されます。財務省が発表した２０１９年の貿易収支は2年連続で赤字でした。

米中貿易戦争の影響で輸出額が前年比５・６％のマイナスとなり、これが大きく足を引っ張りましたが、貿易収支の動向についてもう少し長いスパンで見ると、日本はもはや多額の貿易黒字を計上する国ではなくなっていることがよく分かります。

日本は戦後、ほぼ一貫して貿易黒字を計上しており、特に１９８０年代以降については、毎年、10兆〜15兆円もの黒字額となっていました。しかし、２０００年代半ばから黒字が減少し、２００５年には貿易黒字と所得収支（海外への投資から得られる投資収益）が逆転しています。つまり日本は、この頃を境にすでに輸出ではなく投資で稼ぐ国になっていると解釈すべきです。

日本のＧＤＰに占める輸出の割合は18・３％ですが、輸出立国の典型であるドイツ（46・1％）と比較するとかなり低い数値です。

フランスには輸出立国というイメージがあまりありませんが、それでもＧＤＰに占める輸出の割合は日本よりもはるかに高く31％もあります。数字だけを見ると、日本は世界でも突出した消費大国である米国の水準（12％）に近く、もはや輸出国とは言えないというのが正しい認識でしょう。

しかし、国内ではいまだに輸出大国であることを前提にした議論が多く、政府の支援策も輸出企業を対象としたものが少なくありません。

実はインバウンド需要やオリンピックへの期待というのも、形を変えた輸出です。外国人観光客の買い物は確かに日本国内で発生していますが、購入しているのは外国人ですから、製品を輸出して代金を受け取っていることと本質的な違いはありません。

安倍政権は中国からのインバウンドを成長戦略の柱と位置付けていましたが、こうしたプランが出てくるのも、外国（あるいは外国人）にモノを売らないと経済が成長しないという、従来の価値観が大きく影響しているからです。

しかし日本経済の現状は大きく様変わりしています。

日本は戦後70年にわたって積み上げてきた資本を原資に、多額の投資収益を得ており、今のところ世界最大の債権国の地位を維持しています。２０１８年における所得収支（投資収益）は20兆円もあり、かつての貿易黒字を凌ぐ額です。

投資から得られる収益は、一種の不労所得であり、以前は輸出で稼いでいた金額かそれ以上の金額を働かずして得ていることになります。これは、不動産の大家さんと似たようなものですが、考えようによってはこれほど効率のよい稼ぎ方はありません。本来、輸出に従事しなければ得られないお金を、タダで得ているわけですから、その分の労働力を国内向けのサービスに振り向ければ、国民の所得も大幅に拡大するでしょう。

国内市場というのも実は宝の山です。

日本は人口が減少していくので、今後、消費の絶対値もそれに合わせて低下することが予想されています。これは避けようのない現実ですが、それでも、一定以上の生活水準を保ち、同じ言語を話す1億人の単一消費市場が存在している国というのは、世界を見渡してもそう多くありません。

これは日本が持っている大きな資産であり、これを活用しない手はないのです。今回のコロナショックでは、インバウンド需要に過度に依存してきた日本経済の脆さが一気に露呈しました。日本は国内の消費市場をもっと大事にし、消費を活性化していく方向に舵を切る必要がありますし、そうすれば輸出やインバウンドに頼らなくても、十分に経済を成長させることができます。

整理すると、日本には投資収益を得るための莫大な資本蓄積と豊かな消費市場がありま す。日本は消費と投資で十分に豊かな生活を送れるだけのポテンシャルがあり、名実ともに消費国家・投資国家に向けてシフトしつつあります。この現実をしっかりと受け止め、輸出やインバウンドにこだわるのではなく、強みを生かす政策にシフトすれば、再び日本経済を成長軌道に乗せることができるはずです。

アベノミクスに対する根本的誤解

日本経済が直面している課題についても、ピントがズレた議論が多いように思えます。すでに何度か指摘していますが、問題の本質はデフレが続いていることではなく、不景気が続いていることです。デフレは不景気の結果として観察される現象に過ぎませんから、デフレさえ脱却すれば万事よくなるわけではないのです。

重要なのは経済を成長させることであって、物価をコントロールすることではないということについて理解しておく必要があるでしょう。

こうした基本的な認識が欠如しているとアベノミクスの評価についても、的外れなものとなってしまいます。

繰り返しになりますが、アベノミクスの主要な政策である量的緩和策というのは、日銀が大量に国債を購入して大量の貨幣を供給し、市場にインフレ期待を発生させるというものでした。インフレ期待が醸成されると、本来であれば金利が上昇するはずですが、日銀が国債を買い続けるので金利は上昇しません。

そうなると、名目金利から物価上昇率（この場合は期待インフレ率）を差し引いた実質金利が低下し、企業の設備投資が促されて、これが経済成長の原動力になるという仕組みです。

金利が低下すると設備投資が拡大し、これがGDPを増やすというのは、マクロ経済における基礎的な理論であり、特段、目新しいことではありません。

ＧＤＰの支出面に着目した場合、主な項目は、消費（Ｃ）、投資（Ｉ）、政府支出（Ｇ）、純輸出（ＮＸ）の４つになります。

家計は労働などで得た所得の一定割合を消費し、残りは貯蓄に回します。貯蓄投資バランス論では、家計の貯蓄は最終的に企業の設備投資、もしくは財政赤字の補塡に充当されます（厳密には設備投資と財政赤字、そして貿易黒字を合算したものが貯蓄）。ＧＤＰはそれぞれの４項目の支出を合算した数字になります。

これを簡単な式で書くと以下になります。

ＧＤＰ＝消費（Ｃ）＋投資（Ｉ）＋政府支出（Ｇ）＋純輸出（ＮＸ）

つまり支出面のＧＤＰというのは、国内における消費と投資、政府支出、純輸出をすべて足し合わせたものと考えることができます。

この式は方程式ではなく、恒等式と呼ばれるものですから、各項目が相互にどのような関係にあるのかまでは説明していません。現実には様々な相互関係が存在する可能性があるわけですが、もっともシンプルなものとしては、投資を基準としてそれがＧＤＰを押し上げるというロジックが使われます。

ケインズ経済学では投資は金利の逆関数と定義されており、金利が低いと企業が銀行からお金を借りやすくなり、投資が促進されると考えます。逆に金利が高いと企業が借り入れを抑制するため投資が減ります。

量的緩和策で実質金利が低下すれば、投資が促進され、これがGDPを押し上げます。最終的には各項目がすべてバランスする水準までGDPが増えて、均衡状態に到達するという流れです。

では、量的緩和策の実際の効果はどうだったのでしょうか。

日銀が国債を大量に購入したことをきっかけに、為替市場や国債市場ではインフレ期待が醸成され、為替は円安に進み、株価も上昇しました。一連の市場の動きから、実質金利も低下したと見なしてよい状況となりましたが、これが企業の設備投資を促す結果にはなりませんでした。

世の中の議論では、物価上昇が進んでいないことを問題視する意見が多いのですが、重要なのはそこではありません。インフレ期待が生じたにもかかわらず、企業の設備投資がまったく促進されなかったことが問題なのです。

実質金利が低下したにもかかわらず、設備投資が増えなかったということは、そこには何らかの理由が存在するはずであり、ここを明らかにしなければ、正しい処方箋を導き出すことはできないでしょう。

サラリーマン社長を一掃すべき

では企業の経営者はなぜ金利が下がっているにもかかわらず、設備投資を増やさなかったのでしょうか。その理由として考えられるのは、今後の市場環境に対する悲観的な見通しです。

日本では多くの経営者が、日本経済の将来を悲観視しており、市場が縮小すると考えています。このため設備投資がムダになるリスクを恐れて、金利が低下しているにもかかわらず、何も投資しないという状況が続いているのです。

日本の組織は制度疲労を起こしているとよく言われますが、組織というものは経営者がその権限を使っていくらでも変えることができます。日本の組織が制度疲労を起こして動けなくなっているというのは、経営者が機能不全を起こしていることと同義です。

日本では長期にわたって不景気が続いているせいか、企業の経営者が先行きを不安視し、現状維持を優先していることについて当然視する雰囲気がありますが、これは世界的に見るとかなり異様な光景といってよいでしょう。

企業の経営者というのは、社会的地位が高く、報酬も高額であり、何より会社の経営戦略や組織を変える絶大な権限を持っていますから、自他共に能力が高いと認める人だけが就くべき仕事というのが諸外国における一般常識です。

つまり企業経営者は選び抜かれた社会のエリートですから、いかなる環境でも一定の成果を出し続ける自信と能力がなければ、そのポストに就くべきではありませんし、会社の所有者である株主もそうした人物でなければ就任を認めてはいけません。ドイツでは、債務超過を放置した経営者は処罰されるという厳しいルールも設定されていますが、日本ではまるで状況が異なります。

コンサルティング会社のPwC Japanグループが行ったCEO（最高経営責任者）に関する国際比較調査の結果はかなり衝撃的です。

今後1年間における自社の成長について非常に自信があると回答したCEOは、日本ではわずか11％で主要国ではもっとも低い結果となりました。自信があると回答したCEOの比率は、過去8年にわたって毎年、世界平均を大幅に下回っており、日本の企業トップの自信のなさが顕著となっています。

絶大な権限を持っているにもかかわらず、自社を成長させる自信がないと考える人物が組織のトップに立っているわけですから、企業が成長できるわけがありません。

日本では政府の政策が経済動向を決定すると考える人が多いのですが、これも正しい認識とはいえません。

経済動向を決定するのは消費者に製品やサービスを提供する企業や、こうした企業から商品を購入する消費者の力であって、政府はそれを側面支援する役割に過ぎません。経済主体のひとつである企業の経営者がこのような状況では、日本が成長しないのも当然の結果なのです。

日本はこれから人口が減っていきますから、このままでは市場が縮小する可能性が高いと考えられます。しかし企業には、より儲かるビジネスにシフトする、海外でビジネスを展開する、M&Aで規模を拡大するという選択肢があり、それを実現するために設備投資資金が存在します。

加えて、こうした難易度の高い投資を実現する能力や胆力を持っているからこそ、企業経営者は高い報酬と社会的地位が約束されているのです。

ところが日本では、いまだに年功序列による内部昇格でトップに就く経営者が多く、十分な適性を持たない人物が企業の舵取りをしているケースが多く見られます。日本経済を本当に成長させたいのであれば、有能な人材を経営者に据えるという社会的コンセンサスを一刻も早く確立する必要があると筆者は考えます。

硬直化している日本企業の経営環境を改善すれば、多くの企業が、国内市場を生かした付加価値の高いビジネスモデルに移行できるはずであり、それが実現すれば、日本経済は再び、自律的な成長モードに回帰できます。

低生産性の原因は社内失業

日本はボトムアップ型の企業文化なので、経営者が組織を変えるのは難しいという指摘もありますが、これについても疑ってかかる必要があるでしょう。

新型コロナウイルスによる感染拡大が本格化した2020年1月、国内ネットサービス大手のGMOインターネットは、感染から従業員を守るため、他の企業に先がけて国内従業員の9割にあたる4000人を在宅勤務させました。

他の企業の決断がかなり遅れたことを考えると、同社の実行力には目を見張るものがありますが、在宅勤務になかなか踏み切れなかった他企業の社員は、同社の社員よりも著しく能力が低いのでしょうか。そんなことはないはずです。

同社が瞬時に在宅勤務に移行できたのは、経営トップのリーダーシップによるところが大きく、GMOにおけるこの事例は、有能な人物を経営者に据えれば、組織は劇的に変わるということを如実に示しています。

もし多くの企業で有能な人物をトップに据え、強いリーダーシップを発揮させることができれば、ほぼ確実に従業員の賃金は上昇し、それによって日本の消費は大幅に拡大するでしょう。その理由は以下の通りです。

近年は経営学が高度に発達し、どのように経営すれば高い付加価値を得られるのか（つまりどうすれば儲かるのか）という方法論はほぼ確立しつつあります。

一部からは弊害を指摘する声も聞こえてきますが、それでも諸外国において、経営学の定石にしたがって意思決定を行う人物をトップに据えるケースが多いのは、こうした方法論を活用すれば、特殊なカリスマ性がなくても、ある程度までなら適切に企業をマネジメントできるからです。

実際、大規模な赤字を垂れ流していたシャープやソニーといった企業は、経営者が変わっただけで、あっという間に業績を回復させることができましたが、ソニーを立て直した平井一夫氏やシャープ再建を託された台湾鴻海精密工業出身の戴正呉氏は何か特別なマジックを使ったわけではありません。彼等は経営学の定石にしたがって、淡々とトップとしての役割を果たしたに過ぎないのです。

多くの日本企業において、こうした有能な人物がトップに就任すれば、事業内容を見直し、付加価値が低く薄利多売となっている事業を整理する一方で、付加価値が高く、今後の成長が見込める分野への投資を強化していくことでしょう。仮に組織内に抵抗があったとしても、有能な経営者であれば改革を断行するはずです。

そうなると、組織内における人材のミスマッチがより顕著となり、人材が過剰となっているところから、人材が足りないところへの移動が促進され、社会全体で雇用の流動性が高くなるはずです（つまり転職が活発になります）。

実は現時点においても、日本の企業組織には、事実上、社内で仕事を見つけられない、いわゆる社内失業者が400万人も存在しているといわれます。（リクルートワークス研究所調べ）。これは企業に雇用されている正社員の1割にも相当する話であり、日本は壮大な労働力の無駄遣いをしているのです。

各国の労働生産性を比較すると、驚くべき事実が分かります。日本はドイツや米国など生産性の高い国と比較して、同じ金額を稼ぐために1・5倍の人数を投入しています。日本人の労働者は米国人やドイツ人よりも著しく能力が低く、1・5倍の人数を投入しないと同じ仕事ができないのでしょうか。

そうではありません。

つまり1・5人のうち0・5人は、事実上、仕事をしていない状況であり、まさに先ほどの社内失業状態になっている可能性が高いのです。つまり日本全体で見た場合、かなりの労働力を無駄に捨てており、これを解消するだけでも劇的な効果が得られます。

理屈上、社内失業している400万人がいなくても、会社の業務は回るわけですから、この人材が他の事業に従事すれば、そこで所得を得ることができ、日本人の所得の総額が増えます。しかも、ひとつの事業に従事する社員の数が減りますから、当然の結果として平均賃金は上昇していきます。

つまり事業を最適化して、生産性を上げれば、おのずと賃金は上がっていくのです。賃金が上がると、消費が拡大しますから、企業業績は上向き、これがさらなる賃金上昇をもたらすというプラスの循環が生まれます。

企業が儲かるビジネスばかりに注力したら、付加価値が低いビジネスを担う企業がなくなってしまうと主張する人がいますが、そんな心配はまったく必要ありません。

例えば、ある企業の一部門に1000人が雇用されており、経営者の判断によってこの部門からの撤退が決断されたとします。その部門が作っていた製品やサービスに対するニーズがゼロであれば話は別ですが、実際にはそんなことはなく、ニーズはあるものの利益率が低いことが撤退の理由なはずです。

もしそうであれば、撤退した部門を競合となる企業が買収したり、従業員を引き取るといった形で事業そのものは継続される可能性が高いでしょう。部門を引き受けた会社の従業員数が1000人だった場合、一気に事業規模が倍になりますから、市場でのシェアが上がり、顧客に対して強気の価格設定ができるようになります。シェアが拡大した企業の付加価値は上昇しますから、従業員の賃金もやがて上昇していくでしょう。

つまり、ある企業が儲からない事業から撤退した場合、その事業が消えるのではなく、買収や合併などを通じて、それは儲かるビジネスへと変貌を遂げるのです。

近年、業績が好調であるにもかかわらず希望退職を募る企業が増えています。こうした動きは企業の組織再編が進み始めている象徴といってよいでしょう。

したがって、企業経営者というのは、常に儲かるビジネスに専念するという方針を愚直に進めればよく、結果的にそうした行為は従業員の賃金上昇につながっていきます。この愚直な施策を徹底して実行できるかどうかが、経営者としての腕の見せ所なのです。

インバウンドにも付加価値という視点を

事業の内容を見直して、付加価値を高める、つまり儲かるビジネスに専念するという視点があると、外国人観光客による、いわゆるインバウンド需要に対しても違った見方ができるようになるでしょう。

本書の第1章で解説したように、これまで、日本に外国人観光客が大挙して押し寄せてきたのは、日本の物価が安く買い物に好都合だったからです。逆にいえば、日本の物価が上昇すると、彼等は来なくなるので、これは持続性のある戦略ではありません。

外国人観光客による消費を経済的な効果に結び付けるためには、日本での消費が割高になったとしても、継続して日本に来てもらえるようなサービスを提供する必要があります。

２０１９年、政府は、インバウンド・ビジネスを強化するため、外国人向けに高級ホテル50軒を建設するという施策を打ち出しました。ハコモノ行政という側面があることは否定できないのですが、この施策は方向性としては間違っていないと思います。

現在、日本には年間約3000万人の外国人観光客が訪れていますが、政府はさらに数を倍増させ、2030年までに6000万人に拡大するという目標を掲げています。これを達成するため、多数のスイートルームを配置した超高級ホテル50カ所を、財政投融資を活用して新設するというのが今回のプランです。

日本にやってくる中国人観光客は、多くが中間層でいわゆる高額所得者ではありません。もう少し所得が高い中国人は主に米国や欧州に旅行に行くケースが多いのですが、欧米に旅行する中国人が現地で落とすお金の総額は、日本に旅行する中国人の3倍にも達するといわれています。

つまり、観光収入を大きく増やすためには、高額所得者を招き入れる必要があるわけですが、困ったことに、日本にはアッパーミドル以上の層が好んで泊まるホテルが極端に少ないという問題がありました。これが富裕層インバウンドの大きな障壁となっていたのですが、この問題を解決するための施策が高級ホテル建設というわけです。

日本に高級ホテルがないという問題は、以前から指摘されており、実は今に始まった話ではありません。東京オリンピックの開催準備に際して、東京の宿泊施設が足りないという問題が指摘されたことがありましたが、これも施設の絶対数ではなくグレードの話なのです。

東京にある宿泊施設の数そのものは、諸外国の大都市と比較して少ないわけではないのですが、オリンピック観戦にやってくる層が満足できるグローバルレベルの水準をクリアした宿泊施設に限定すると極端に数が少なかったというのが実状です。

もっとも、アッパーミドル層以上を相手にする場合、彼等のお金の使い方は庶民とはだいぶ異なるということについてあらかじめ認識しておく必要があるでしょう。

海外の高級リゾートなどに行くと一目瞭然なのですが、こうした人たちは基本的にホテルから積極的に外に出てくることはありません。ホテル内で食事やアルコール、スパなどを楽しむ傾向が強く、観光もホテル側が企画したプログラムなどを使うことが多いので、大挙して街に繰り出す姿はあまり見られないでしょう。結果として、観光地で大騒ぎしたり、ゴミを捨てていく人の比率も低下しますから、いわゆるオーバーツーリズムの回避にもつながると考えられます。

しかしながら、こうしたアッパーミドル層以上をターゲットにした場合、同じ観光業といっても、支出の経路がまるで異なるため、潤う産業やビジネスの方法も大きく変わってきます。つまり、お金を落としてくれる顧客にフォーカスするのであれば、そこには明確な戦略性が必要となるのです。

日本人は自身のことを「おもてなし」が得意な国民だと考えていますが、それは相手が中間層以下の場合に限定された話です。日本流の接客術というのは、ほぼすべてが中間層以下をターゲットにしたものであり、それ以上の層は最初から想定されていません。アッパーミドル層以上が相手の場合、日本流の「おもてなし」という概念はほとんど通用しないと思った方がよいでしょう。

つまり、この層にアピールするサービスを提供するためには、明確な戦略と、それを実施できる人材を育てる必要があり、戦術面でもかなりの工夫が必要となります。この部分がおざなりになったままでは、せっかく建設したホテルはただの箱になってしまう可能性が高いと筆者は考えています。

こうした付加価値を追求するためには、経営者の能力が極めて重要であり、結局はこの話に行き着くことになります。

日本の観光業界にも、星野リゾートを経営している星野佳路氏のような優れた経営者がいますが、絶対値としてはまだまだ少数派でしょう。年齢、性別、国籍を問わず、優れた経営者をトップに据える社会的な仕組みの構築が不可欠です。

日本にとって最強の経済対策とは

私たち国民の側も、経済や産業に対する意識を変えていく必要があります。

これまでも何度か指摘してきましたが、日本では政府の経済政策が経済動向を決めると考える人が多いのですが、それは間違った認識です。経済を決めるのは消費者の行動と企業活動であり、政府による経済政策というのは、側面支援の役割しかありません。

トランプ政権成立以後の米国では、経済成長が加速しており、それはトランプ氏による政策が効果を発揮しているとの主張をよく目にします。

確かに減税をはじめとするトランプ氏の政策に効果があったのは事実ですが、それは、もともと米国経済の基礎体力が強いという大前提があっての話です。日本のように経済の基礎体力が弱い状況の場合、減税を実施したからといって米国と同じ効果が得られる可能性はかなり低いと考えるべきでしょう。

１９８０年代の米国では、規制緩和と減税を中心としたレーガノミクスという経済政策が実施され、やはり大きな成果を上げましたが、これも企業による自主的な経営改革の影響が大きく、政府の施策だけではここまでの成果は得られなかったというのが正しい解釈です。政府の役割が間接的なものに過ぎないという事実は、過去20年の日本経済を見れば一目瞭然でしょう。

アベノミクスと民主党政権時代、小泉政権時代、橋本・小渕政権時代の政策と経済成長率を比較すると興味深い事実が浮かび上がってきます。

アベノミクスは量的緩和策を中心とした金融政策、小泉政権時代は規制緩和を軸にしたサプライサイドの経済政策、橋本・小渕政権時代は大規模公共事業を中心とした財政政策となっており、民主党時代には目立った経済政策がありませんでした。つまりこれら4つの時代を見れば、経済学の教科書に出てくる主要な経済政策が、すべて出揃っていることになります。

各政権における平均GDP成長率（四半期ベースの実質成長率を年率換算）を比較すると、安倍政権（2019年まで）は1・2%、民主党政権は1・6%、小泉政権は1・0%、橋本・小渕政権も1・0%でした。何もしなかった民主党政権の成長率が高いのは意外ですが、この時期はリーマンショック後の急回復というボーナスがありましたから、結局のところどの政権でも似たり寄ったりの成長率だったと思ってよいでしょう。

この事実は極めて重いと筆者は考えます。

現代の経済学で想定されているほぼすべての景気対策を実施したにもかかわらず、日本の成長率にはほとんど変化がないのです。こうした事実を目の前にすると、各政権の経済政策について感情的になって議論することがいかに無意味であるかが分かります。

日本経済には本質的な問題が存在していて、これが長期の景気低迷を引き起こしており、経済政策という側面支援だけではこの問題を解決することはできません。

市場メカニズムに沿って自ら新陳代謝するという企業活動が阻害されており、それに伴って消費者の行動も抑制されていることが日本経済の根本的な問題です。最終的にこの状況を打破できるのは政府ではなく、企業の経営者であり、私たち消費者自身です。

あえて政策という点に的を絞るなら、コーポレートガバナンス改革に代表されるような、有能な人物をトップに据えるためのメカニズムを強化する施策が重要です。消費者向けについては、個人消費の拡大を阻んでいる将来不安を一掃するための施策が必要となるでしょう。将来不安の最たるものは公的年金と考えられますから、年金制度の将来像について政府は明確な道筋を示す必要がありますし、これこそが最大の経済政策でもあるのです。

日本の公的年金制度が財政的に厳しい状況にあることは誰もが理解しており、ここで1

00年安心といったキーワードを並べても何の解決策にもなりません。本当のところ年金財政はどの程度、悪化しており、年金の減額がいくらになる見通しなのか、悪い情報も含めてすべて開示しなければ、本当の意味での安心感にはつながらないでしょう。

こうした環境が整えば、仮に現状が悪くても、人は消費を増やすものであり、これが最終的に経済を動かす原動力になります。

このような主張をすると、必ずと言ってよいほど返ってくるのが、「中身がない」「何も言っていないのと同じ」といった、批判のための批判です。

しかしながらあえて厳しい言い方をさせてもらうと、何かひとつの方策ですべてが解決するといった魔法のような解答を求めること自体が、一種の「甘え」であり、こうした日本人の甘えた感覚こそが日本経済を低迷させる原因になっていると筆者は考えます。

「政府主導で高成長を実現せよ！」「官民一体となってこの難局に取り組め！」といった力強い言説は、その瞬間は多少の高揚感や安心感をもたらしてくれるのかもしれませんが、本質的な解決にはなりません。私たちは、政府の経済対策に過度に期待するという甘えを捨て、主体的に経済活動に取り組む必要があります。そして、こうした取り組みこそが、唯一の、そして最強の経済対策となるのです。

「おわりに」にかえて

本書では、貧乏な国になった日本の現状と、その打開策について論じてきました。

今後の日本はこうあるべきだという大きな視点の話はとても重要ですし、本書の主な視点もそこにありますが、一連の現実を目の前にして、個人はどう行動すべきなのかというのも大事なテーマです。

私たち個人は、貧乏な国という現実を前にどう対処すればよいのでしょうか。

その答えは結局のところ、投資と消費を重視すべきという日本全体の処方箋と密接に関係しており、付加価値を常に意識して生活するということに尽きるでしょう。具体的な方策としては以下の3つが考えられます。

①外国に投資する（外国で稼ぐ企業に投資する）
②外国で稼いで日本で暮らす
③外国にモノを売ることを考える

人によって環境は様々ですから、これらのすべてを同時に実行することはできないと思います。しかしながら、どのような生活をするにせよ、この3点については常に意識しておくことが重要であり、何らかの形で自身の生活に反映させる工夫が必要です。

初心者ほど外国株に投資すべき

老後2000万円問題が発生したこともあり、老後の生活を維持するため、資産運用について検討を始めた人も多いのではないかと思います。

これまで株式投資などに代表される資産運用の主な投資先は、国内企業というケースが多かったのですが、日本が貧乏な国に転落してしまった以上、その常識は改める必要があります。同じ大手企業といっても、日本国内だけで営業活動を行っている企業とグローバル企業とでは経営体力にとてつもない差があります。

投資の初心者であればあるほど、無名の小さな企業への投資は避けるべきであり、その理屈でいけば、日本だけでしか通用しない企業への投資はあまりお勧めできません。これからの時代は、グローバルな著名企業に投資しないと、十分なリターンを得られないと考えた方がよいでしょう。

個人的な話で恐縮ですが、筆者はこれまで20年以上にわたってコツコツと株式投資を続けており、現時点での資産額は数億円規模になっています。コロナショックによる株価下落で全体の資産額は多少、減りましたが、今後も投資は継続していくつもりです。

以前は日本株にも投資していたのですが、こうした日本経済の現状を考え、ほとんどの日本株はすでに売却しています。現時点における筆者のポートフォリオの中には、日本企業の株式はごくわずかしかありません。

今はどのネット証券でも米国株などを扱っていますから、外国の著名企業の株式を購入するのはそれほど難しいことではなくなりました。著名な外国企業の株式、あるいはそれらを組み込んだETF（上場投資信託）への投資について真剣に検討すべきだと筆者は考えます。どうしても外国企業には抵抗があるという場合には、できるだけ海外収益の高い企業を選択した方がよいでしょう。

国内市場だけに依存している企業の場合、長期的に業績が低迷し、結果として株価も上昇しない可能性が高くなります。第6章で示したように、日本経済の体質転換が進み、内需が拡大すれば国内オンリーの企業でも大丈夫ですが、当面はグローバル企業の方が優位です。

海外就職に英語が必須とは限らない

職業という観点では、これからの時代は本格的に海外で稼ぐことを頭に入れておく必要があると思います。本書では外国企業に直接就職するケースが増えていると述べましたが、今後は、海外でしっかり稼いで、その後は物価の安い国内で暮らすというライフスタイルが珍しいものではなくなると考えられます。

海外就職というと、ネイティブ並みの英語が必要というイメージがありますが、それは昭和の時代の話です。現代はグローバル化が進んでいる時代ですが、逆にそうであるがゆえに語学の障壁は低くなっています。

近年、タイなど東南アジア地域では、日本人を採用したいと考える企業が増えています。その理由は、日本企業が大挙してアジアに進出しており、現地で生活する日本人が増えているからです。

かつて海外の駐在員といえば、商社マンなどいわゆるエリートが多かったのですが、今はあらゆる業種がアジアに進出していますから、ごく普通の日本人が現地に赴任していいます。そうなると現地では、日本人向けのサービスに需要が出てくるので、タイなどでは、日本人を相手にしたサービスが多数、立ち上がっている状況です。

顧客は日本人ですから、当然、日本語ができる人材が必要ですが、現地で日本語ができる人はそれほど多くないでしょう。

こうした企業では積極的に日本人の学生を採用するので、あまり英語ができなくても、新卒でいきなりアジアの会社に就職することは、もはや珍しいことではなくなっているのです。ちなみにタイは日本とは違って長時間労働ではありませんから、むしろワークライフバランスは良好かもしれません。

ある程度キャリアを積んだ人であれば、日本企業で長年培ってきたビジネス・ノウハウをアジア企業でも生かせるというケースがたくさんあります。シニア層でも、第二の人生をアジア企業で過ごすという人が増えてくるでしょう。

外国暮らしと聞くと食べ物が口に合わないと拒否反応を示す人もいますが、これも昭和の価値観の名残です。

先ほど例にあげたタイでは、無数の日本人が住んでいますから、街のあちこちに当たり前のように日本食のお店があり、食べ物にはまず困りません。

また、日本とは異なりスマホでのデリバリーが発達していますから、あらゆる食事や買い物をスマホで済ませることが可能です。もしかすると日本にいるよりも便利な生活を送れるかもしれません。

日本の商品は外国で売れる

外国に行ったり、外国企業に投資をしなくても、海外の利益を取り込むことは可能です。外国に向けてモノを売ったり、日本に来る外国人にモノやサービスを提供するといったやり方があるからです。

メルカリは、基本的に日本国内で中古品を売買するサービスですが、海外の消費者がメルカリの商品を購入できるよう代行するサービスがあり、海外にモノを売ることができます。日本のキャラクターグッズなどは海外で思いのほか高い価格で売れるケースがありますから、こうした仕組みを活用するのはひとつの方法でしょう。

これとは逆に、海外のモノを日本で売ることもできます。

多少、目が肥えている人であれば、海外出張の際に、お土産を余分に購入し、メルカリなどで高値で販売することで、お小遣いを稼ぐことができます。内外の価格差が拡大し、海外の商品に希少価値が生まれている時代ならではの工夫といえるでしょう。

日本にやってくる外国人にモノやサービスを提供することも重要です。

日本に住む外国人にとって住まいの確保は大きな障壁になっているといわれています。保証人がいないと家を借りられなかったり、そもそも外国人に家を貸さない大家さんが多いからです。確かに外国人の場合、生活習慣の違いからトラブルが発生するケースがあり、一部の不動産オーナーは外国人居住者を敬遠していますが、一方でこの状況を逆手に取り、大きな利益を上げる不動産オーナーもたくさんいます。

飲食店でもちょっとした工夫で外国人からの売上高を増やすことができるかもしれません。ラーメン店などは外国人にとっては興味津々ですが、現実にはかなり日本慣れしていないとハードルが高いといわれます。

代表的なメニューに絞って英語で表記し、細かいやり取りをしなくてもよい形に工夫すれば、お互い言葉がよく分からなくても食事を楽しんでもらえるでしょう。

一昔前までは、内外の価格差を利用できるのは、外国に住んでいる人や、輸出入に関わっている人などごく一部に限定されていました。しかし、ネットのインフラが発達した現代社会では、誰でも工夫次第でこうしたビジネスを展開することができます。

日本が円安になろうが円高になろうが、日本が豊かになろうが貧しくなろうが、ネットのインフラをフル活用し、その時代にマッチした形で経済活動を行えば、いつの時代でもそれなりの利益を上げることができます。

これは考えようによっては、極めて大きなチャンスといってよいでしょう。

本書では、日本経済の長期低迷によって、貧乏な国に転落しているという現実を指摘してきましたが、こうした状況を変える原動力となるのは、私たち自身の経済活動です。

変化をチャンスと捉え、自身の利益を最大化できるよう各自が行動すれば、それは最終的には所得の拡大につながり、ひいては日本経済の復活につながるはずです。いつの時代にもチャンスはあるというポジティブな感覚を持つことこそが、最大の経済政策と思ってください。

本書は幻冬舎の杉浦雄大さんの尽力で完成しました。この場を借りて感謝の意を表したいと思います。

加谷珪一

著者略歴

加谷珪一
かやけいいち

経済評論家。仙台市生まれ。
一九九三年東北大学工学部卒業後、日経BP社に記者として入社。
その後野村證券グループの投資ファンド運用会社に転じ、企業評価や投資業務を担当。
独立後は、中央省庁や政府系金融機関などに対するコンサルティング業務に従事。
現在は、「ニューズウィーク」や「現代ビジネス」など多くの媒体で連載を持つほか、
テレビやラジオなどで解説者やコメンテーターなどを務める。
ベストセラーになった『お金持ちの教科書』(CCCメディアハウス)、
『ポスト新産業革命』(同)、『億万長者への道は経済学に書いてある』
(クロスメディア・パブリッシング)など著書多数。
加谷珪一 オフィシャルサイト http://k-kaya.com/

幻冬舎新書 589

貧乏国ニッポン
ますます転落する国でどう生きるか

二〇二〇年五月三十日　第一刷発行
二〇二〇年六月三十日　第五刷発行

著者　加谷珪一
発行人　志儀保博
編集人　小木田順子
編集者　杉浦雄大

発行所　株式会社　幻冬舎
〒一五一-〇〇五一　東京都渋谷区千駄ヶ谷四-九-七
電話　〇三-五四一一-六二一一（編集）
〇三-五四一一-六二二二（営業）
振替　〇〇一二〇-八-七六七六四三

ブックデザイン　鈴木成一デザイン室
印刷・製本所　中央精版印刷株式会社

Printed in Japan　ISBN978-4-344-98591-9 C0295
か-28-1

幻冬舎ホームページアドレス https://www.gentosha.co.jp/
＊この本に関するご意見・ご感想をメールでお寄せいただく場合は、comment@gentosha.co.jp まで。

髙橋洋一
日本の「老後」の正体

「少子高齢化で経済成長も望めず、将来年金はもらえない」この考えは誤りだと著者は言う。「財政は破綻しないし年金は確実にもらえる。年金の保険料を払わないと損をする」その根拠とは？

萱野稔人
リベラリズムの終わり
その限界と未来

自由を尊重し、富の再分配を目指すリベラリズムが世界中で嫌われている。リベラリズムの思想的限界と、そうならざるをえない現代社会の実状を哲学的に考察。リベラリズムを根底から問い直す。

堤未果
日本が売られる

日本人が知らぬ間に様々な法改正が水面下でなされ、米国や中国等の海外勢が日本の資産を食い潰そうとしている。国際ジャーナリストが緻密な現場取材と膨大な資料を通し、書き下ろした一冊。

鈴木大介
最貧困女子

「貧困女子」よりさらにひどい地獄の中でもがいている女性たちがいる。「貧困連鎖」から出られず、誰の助けも借りられず、セックスワーク（売春や性風俗業）をするしかない彼女たちの悲痛な叫び！

斎藤環

中高年ひきこもり

40〜64歳のひきこもりは推計61万人。家族の孤立、孤独死・生活保護受給者の大量発生等、中高年ひきこもりはいまや日本の重大な社会問題だ。ひきこもりとは何か。何が正しい支援なのか。第一人者が解説。

樋口裕一

「頭がいい」の正体は読解力

物事を正確に読み取り理解する力＝読解力を、言葉を使い、文章を書き、例文の要点をつかむという3ステップで鍛える。飛ばし読みや資料の要約、会話やＳＮＳでも役立つビジネス必須スキル！

半藤一利　池上彰

令和を生きる
平成の失敗を越えて

政治の劣化、経済大国からの転落、溢れかえるヘイトとデマ。無謀な戦争に突き進んだ戦前の日本とあまりに重なる平成日本。過たずに済む分岐点はどこだったのか。平成の失敗を徹底検証した白熱対談。

副島隆彦

生命保険はヒドい。騙しだ

日本のセイホは欧米に比べ、客の取り分がものすごく小さい。25年間、払った１４００万円もほぼパーだ。無知で保険会社のいいようにされてきた恥の経緯を晒した〝実録・私がバカでした〟読本。

幻冬舎新書

堤未果
日本が売られる

日本人が知らぬ間に様々な法改正が水面下でなされ、米国や中国等の海外勢が日本の資産を食い潰そうとしている。国際ジャーナリストが緻密な現場取材と膨大な資料を通し、書き下ろした一冊。

坂口孝則
未来の稼ぎ方
ビジネス年表2019-2038

この先の20年で儲かる業界とそのピークは？〈エネルギー〉〈インフラ〉〈宇宙〉〈アフリカ〉など注目業界の未来を予測し、20年分のビジネスアイデアを網羅。時代の本質を見極める一冊。

小林真美
出世する人の英語
アメリカ人の論理と思考習慣

日本人が思うアメリカ人像と実際のアメリカ人はかなり乖離しており、それに気づかず出世できない日本人は多い。本当のアメリカ人がわかるだけでなく、出世に有利な使える英語も身につく一冊。

中野剛志
日本の没落

ドイツの哲学者シュペングラーの『西洋の没落』が百年前に予言した経済成長の鈍化、少子化、民主主義の死といった事象にどうしたら抗えるのか。気鋭の評論家が日本人の生き方を問い直す。

幻冬舎新書

佐々木俊尚
広く弱くつながって生きる

人とのつながり方を「浅く広く弱く」に変えた著者。その結果、組織の面倒臭さから解放され、世代を超えた出会いが広がり、仕事が沢山舞い込んできた。人づきあいと単調な日々を好転させる方法。

苦瓜達郎
ずば抜けた結果の投資のプロだけが気づいていること
「すごい会社」の見つけ方

2017年までの6年連続で「最優秀ファンド賞」「優秀ファンド賞」を受賞し、過去1年間の運用実績が年44・3%というシニア・ファンドマネジャー。その投資法を余すところなく語り尽くす。

木原誠太郎
47都道府県格差

政府の統計から寿命、年収、子どもの学力など31項目の全国ランキングを作成。さらにこのランキングに県民性を調べたアンケート結果を照らし合わす。都道府県の格差は県民性がつくっていた!?

齋藤和紀
シンギュラリティ・ビジネス
AI時代に勝ち残る企業と人の条件

AIは間もなく人間の知性を超え、二〇四五年、科学技術の進化の速度が無限大になる「シンギュラリティ」が到来——既存技術が瞬時に非収益化し、人も仕事を奪われる時代のビジネスチャンスを読み解く。